어린이를 위한

하룻밤에 읽는

한국사

일러두기

※ 맞춤법과 띄어쓰기는 국립국어원에서 펴낸 〈표준국어대사전〉을 기준으로 삼았습니다.
※ 이 책에 수록된 사진 중 저작권자의 허가를 받지 못한 일부 자료는, 계속해서 저작권자의 허락을 구하고 필요한 경우 통상의 기준에 따라 사용료를 지불할 계획입니다.

어린이를 위한 하룻밤에 읽는 한국사 3

개정판 1쇄 발행 | 2014년 1월 15일
개정판 3쇄 발행 | 2016년 3월 10일
특별판 1쇄 발행 | 2016년 8월 11일
특별판 5쇄 발행 | 2023년 12월 20일
지 은 이 | 최용범, 이우형
그 린 이 | 박기종

펴 낸 이 | 최용범
펴 낸 곳 | 페이퍼로드
출판등록 | 제10-2427호(2002년 8월 7일)

　　　　서울시 동작구 보라매로5가길 7 1322호

편　　집 | 김현미, 김정주, 양현경
마 케 팅 | 정현우
관　　리 | 강은선
디 자 인 | 박성진

이 메 일 | book@paperroad.net
커뮤니티 | blog.naver.com/paperroad
페이스북 | www.facebook.com/paperroadbook
Tel | (02)326-0328　Fax | (02)335-0334

ISBN 979-11-86256-20-6 64910
　　　979-11-86256-17-6(세트)

· 책값은 뒤표지에 있습니다.
· 잘못 만들어진 책은 구입하신 곳에서 바꾸어 드립니다.

어린이를 위한

하룻밤에 읽는

한국사

글 최용범 · 이우형
그림 박기종

페이퍼로드
paperroad

게임보다 재미있는 역사랑 탐정 놀이 하자!

서양의 어느 유명한 역사가는 이렇게 말했습니다.

"역사란 과거와 현재의 끊임없는 대화다."

무슨 말일까요? 과거와 대화한다니 알 것 같기도 하고 모를 것 같기도 합니다. 우리가 일기를 쓰는 이유를 찬찬히 생각해 볼까요? 일기를 쓰려면 우선 오늘 하루를 돌이켜 보게 되지요. 잘한 일, 잘못한 일이 떠오를 겁니다. 그러고는 잘못한 일은 다시 하지 말자고 다짐하게 되지요.

우리 역사도 마찬가지입니다. 5000년 한국의 역사를 보면 우리가 자랑스럽게 여길 사건, 다시 반복해서는 안 될 일들이 드라마처럼 펼쳐집니다. 광개토 대왕이 만주 벌판을 누볐던 고구려의 역사를 볼 때면 우리의 가슴은 두방망이질합니다. 그러나 100년 전, 변화하는 세계에 적응하지 못해 제국주의 국가들의 먹잇감이 되다 끝내는 일본의 식민지가 돼버린 우리나라의 역사는 부끄럽기 짝이 없습니다. 이런 역사는 되풀이되어서는 안 됩니다. 과거를 차분하게 돌이켜 보며 우리가 가야 할 길과 가지 말아야 할 길을 찾는 것이 바로 우리가 역사를 배우는 이유입니다. 결국 역사는 케케묵은 옛이야기가 아니라 빛나는 오늘과 내일을 찾기 위한 지혜의 보물 창고인 셈이지요.

그렇다고 역사가 고리타분하게 교훈만 늘어놓는다면 정말 따분하겠죠? 하지만 걱정할 것 없습니다. 역사 속에는 재미와 감동이 더 많으니까요. 단군 신화나 고구려·백제·신라의 탄생 신화는 읽을수록 신기합니다. 원래 곰이었다가 여자로 변해 단군을 낳은 이야기나, 고구려를 세운 주몽과 신라의 시조 박혁거세가 모두 알에서 태어났다는 설화는 믿기지 않는 얘기지만 책장에서 손을 떼기 힘든 재미있는 이야기지요. 물론 사람이 알에서 태어날 리는 없습니다. 그렇다면 이런 건국 설화가 말하고자 하는 것은 무엇일까요? 그 답은 바로 『어린이를 위한 하룻밤에 읽는 한국사』 안에 있습니다.

역사를 공부하는 데도 상상력이 필요합니다. 기록되지 못한 역사적 사실, 혹은 기록된 사실을 해석하는 일에도 상상력은 중요한 역할을 합니다. 누가, 어떻게 해석하느냐에 따라 역사는 전혀 다른 것으로 변하기도 하지요. 그래서 역사는 남겨진 증거로 누군가의 자취를 찾아내는 탐정처럼 모험이 넘치고 게임보다 재밌을 때가 있습니다.

이 책은 그런 역사의 매력을 흠뻑 느낄 수 있도록 짜여 있습니다. 한 시대를 대표할 만한 사건들을 추적하여 그것이 담고 있는 의미를 전체 역사 속에서 살펴볼 수 있도록 했지요. 또 가능하면 역사적 인물이 주인공이 되어 사건을 펼쳐 가도록 함으로써 더욱 흥미진진하게 역사를 접할 수 있도록 했습니다.

아무쪼록 이 한 권의 책을 통해 여러분이 역사와 특별한 친구가 되었으면 합니다. 만약 마지막 책장을 넘긴 뒤에 '역사를 더욱 깊이 공부해 보고 싶다'는 생각을 갖게 된다면 두 아저씨는 더 바랄 게 없습니다.

최용범, 이우형 두 아저씨가

차례

2

비극의 역사, 식민지가 된 나라

3

독립을 향한 함성 소리, 삼천리에 울려 퍼지다

어린이를 위한 하룻밤에 읽는 한국사

1

비틀거리는 조선, 혼란에 빠지다

그때 세계는

- 미국의 페리 함대에 의해 일본의 나라 문이 열림
1854년
- 영국 학자 다윈, 진화론을 담은 『종의 기원』 펴냄
1859년
- 영국과 프랑스 연합군, 청나라의 수도 베이징 점령
1860년
- 미국에서 남북 전쟁 일어남
1861년
- 미국 대통령 링컨, 노예 해방 선언
1863년

○ 1863년~1873년 | 흥선 대원군의 개혁 정치

철부지 왕족이 바보 연기를 했던 까닭은?

조선 시대 말기, 임금까지도 손바닥 위에 올려 놓을 정도로
안동 김씨의 세력이 대단했습니다. 이처럼 썩은 나라를 바로잡고자
이를 갈던 한 사람이 있었는데요. 그는 과연 성공했을까요?

조선 시대의 연기 대상감은 누구일까?

해마다 연말이 되면 빠지지 않는 TV 프로그램이 있습니다. 한 해 동안 방영된 드라마의 배우들을 한자리에 모아 놓고 연기 대상을 수여하는 방송이지요.

그런데 조선 시대에도 이런 상을 받을 만한 뛰어난 배우가 있었습니다. 그는 바로 조선 말기에 활약했던 정치가, 흥선 대원군! 대원군에게는 수많은 별명이 따라다녔습니다. '막걸리 대감', '궁도령', '상갓집 개'……. 모두가 불량기 넘치는 건달들과 어울려 다니는 철부지 왕족을 비웃는 말들이었습니다. 왕족 망신은 혼자 다 시키고 다니는 '어물전 꼴뚜기'가 바로 그였던 것입니다.

그런데 여기 놀라운 사실이 있습니다. 이 모든 욕과 비웃음이 사실은 흥선 대원군 스스로가 불러들인 것이라는 사실이지요. 그러니까 깊은 뜻을 갖고 일부러 욕먹을 짓만 골라서 하고 다녔다는 것인데……. 도대체 왜일까요?

그 대답은 바로 안동 김씨의 세도 정치에 있었습니다. 임금을 호주머니 속의 물건처럼 다루었던 안동 김씨. 제법 똘똘한 왕족은 온갖 구실을 붙여 죽여 버리기 일쑤였던 그들……. 영조 대왕의 4대 자손이었던 흥선 대원군은 살아남기 위해 바보 연기를 했던 것이지요.

그의 연기력은 위대했습니다. 안동 김씨는 물론 세상 모두를 속여 넘겼으니까요. 하지만 그의 겉모습 속에 감춰진 건 세상을 깜짝 놀라게 할 꿈이었습니다. 안동 김씨의 세상을 끝장내고, 썩어 빠진 조선 왕조를 개혁낡은 것을 새롭게 고친다는 뜻하겠다는 큰 꿈이었지요.

결국 한 번의 기회가 찾아오자 그는 번개처럼 빠르게 그것을 움켜잡았습니다. 그리고는 이제까지의 가면을 확 벗어던진 채 뛰어난 정치가로서

능력을 발휘하기 시작했지요.

자, 이 정도면 충분히 연기 대상을 받을 만하지 않을까요?

공자님이 살아온다 해도 내 뜻을 바꾸지 않겠다!

흥선 대원군이 바라던 기회가 찾아온 때는 1863년이었습니다. 안동 김씨의 등쌀에 시달리던 철종이 아들도 없이 33살의 나이로 눈을 감은 것입니다. 이번에도 안동 김씨는 자기 입맛에 맞는 왕을 고르기 위해 느긋하게 주변을 둘러보고 있었지요.

그런데 그 순간 놀라운 일이 벌어졌습니다. 왕실의 가장 높은 어른이었던 대왕대비 조씨가 왕위를 이을 사람을 덜컥 발표해 버린 것입니다. 새로운 왕의 후보는 이명복! 겨우 12살 먹은 어린 왕족이었지요. 더욱 놀라운건 이 소년의 아버지가 바로 흥선 대원군이었다는 사실이었습니다.

이리 와, 친구야~
ㅎㅎㅎ!

일이 이렇게 된 건 흥선 대원군이 은밀한 노력을 벌였기 때문입니다. 그 노력이란 바로 대왕대비 조씨와 몰래 손을 잡는 것이었지요. 풍양 조씨인 대왕대비 역시 안동 김씨를 좋아할 리가 없었으니까요. 두 사람은 쉽게 뜻을 모았습니다. 아들 없는 철종이 죽으면 흥선 대원군의 둘째 아들을 왕위에 올리자고 말입니다. 왕실의 최고 어른이 이렇게 나오자 안동 김씨들도 더 이상 어쩔 수가 없었지요.

이렇게 하여 어린 명복은 조선의 제26대 임금, 고종이 되었습니다. 그리고 흥선군 이하응에게는 '대원군'이라는 새로운 이름이 붙게 되었지요. 대원군이란 원래 왕족 중에 새로운 왕이 세워졌을 때 그의 친아버지를 가리키는 이름입니다. 역사 속에 '흥선 대원군의 시대'가 개막한 것이었지요. 그가 어린 임금을 대신해서 사실상 왕 노릇을 했기 때문입니다.

기회를 잡은 대원군의 행동에는 거침이 없었습니다. 먼저 그는 세금 제도를 뜯어 고쳤습니다. 백성들만 내던 군포**군대에 가는 대신 바치던 옷감**를 양반에게도 물리고, 썩은 벼슬아치들이 못된 방법으로 거둬들이던 세금을 없애 백성들을 편안하게 했습니다.

조정을 바꾸기 위한 노력도 시작됐지요. 안동 김씨를 내쫓고 그들이 벌이던 벼슬 장사를 금지시킨 것입니다. 그 대신 가문이나 당파를 떠나 능력 있고 청렴결백한 관리들을 받아들였습니다. 조정이 참다운 조정의 모습을 갖출 수 있도록 한 것이지요.

흥선 대원군의 이런 노력에 백성들은 환호성을 올렸습니다. 하지만 양반들은 그렇지 않았습니다. 이제까지 누려 오던 권리를 하루아침에 빼앗기게 되었으니 몹시 분노할 수밖에 없었지요. 특히 흥선 대원군이 전국의 서원 600여 개 중 47개만을 남기고 모두 없애 버리자 이들의 분노는 더욱 불타올랐습니다.

서원이란 원래 뛰어난 유학자나 충신들을 기리기 위해 세워진 작은 사당이자 학교였습니다. 그러나 세월이 흐르며 시골의 양반들이 웅크리고 앉아 백성의 피를 빨아먹는 곳으로 변해 버렸지요. 이런 서원을 없앴으니 떵떵거리며 방귀깨나 뀔 수 있는 터전이 사라져 버린 것입니다. 양반들은 거세게 항의했지만 흥선 대원군은 눈썹 하나 꿈쩍이지 않았습니다.

"백성에게 해가 되는 일이라면 공자님이 살아온다 해도 내 뜻을 굽히지 않겠다!"

대원군의 기개는 그처럼 드높았습니다.

흥선 대원군의 개혁이 조선을 되살렸을까?

이처럼 조선에 새 바람을 일으키던 흥선 대원군. 그러나 역사는 그의 노력이 실패로 끝났음을 보여 줍니다. 그런 식으로는 멸망으로 향하는 조선의 발걸음을 되돌릴 수 없었던 거지요.

여러 가지 복잡한 이유 가운데 가장 큰 이유가 하나 있었습니다. 조선을 살리기 위한 그의 개혁이 엉뚱한 곳을 향하고 있었다는 것이었지요. 대원군이 나라를 이끌 무렵, 조선은 나라 안팎으로 큰 위기에 빠져 있었습니다. 안으로는 나라의 질서가 무너지고, 밖으로는 서양 세력이 거세게 밀려오고 있었습니다. 이런 상황에서 필요한 것은 조선을 서양과 같은 근대적인 나라로 바꾸어 새로운 시대를 맞는 일이었지요.

하지만 대원군은 반대의 길을 걸어갔습니다. 무너진 왕권을 다시 세워 예전의 좋았던 시절로 되돌아가려 했으니까요. 이처럼 낡은 생각을 보여 주는 일이 바로 경복궁을 다시 짓게 한 것이었습니다. 임진왜란 때 불탄 경복궁을 다시 지어 왕실의 위엄을 되살리려 한 것이지요.

그런데 이 일에는 엄청난 돈과 노력이 필요했습니다. 대원군은 백성들을 불러 공사를 시키고 또 많은 돈을 걷기도 했습니다. 백성들의 원망은 하늘을 찌를 정도였지요. 결국 경복궁은 완성되었지만, 왕권은커녕 백성들의 증오와 원망만이 더욱 커졌을 뿐입니다. 그의 개혁이 가진 문제점을 고스란히 보여준 일이었지요.

500년을 이어 온 조선의 질서는 이미 허물어져 있었습니다. 역사의 큰 물줄기가 바뀐 것입니다. 허물어진 강둑에 덕지덕지 진흙을 바른다고 해서 터진 물줄기를 막을 수 있을까요? 그보다는 완전히 새로운 둑을 쌓는 일이 필요하겠지요. 대원군은 둑을 쌓는 사람이 아니라 진흙을 바르는 사람이었습니다.

✿ 유교를 받든다며 백성들의 돈을 뜯어낸 서원

　서원이 처음 모습을 드러낸 것은 1543년(중종 38년)이었습니다. 주세붕이라는 학자가 풍기**경상북도 영주시 풍기읍**에 백운동 서원이라는 것을 세운 것이지요. 이 서원은 우리나라에 성리학을 들여온 안향이라는 학자를 제사 지내고 유생들을 교육하는 곳이었습니다. 원래 서원은 나라의 도움을 받지 않았습니다. 그러나 곧 이런저런 특별 대접을 받게 되었지요. 서원이 갖고 있는 땅에는 세금이 붙지 않고, 부리는 노비들은 군역**나라를 지키는 일에 관한 의무**을 지지 않았습니다. 또 서원의 힘이 세지자 이곳의 양반들은 지방의 벼슬아치들을 손에 쥐고 흔드는 일까지 생겼습니다. 백성들에게 돈이나 물건을 뜯어내는 일은 너무나 흔했고요. 서원을 없애도록 하자 백성들은 두 팔을 올리며 환영했다고 합니다.

● 소수서원
경상북도 영주시에 위치한 소수서원은 우리나라 최초의 서원이다.

⚜ 문 드나드는 일에도 세금을 매겼다고?

경복궁을 다시 짓기 위해 대원군은 여러 가지 무리한 일을 벌였습니다. 그중 하나가 바로 '원납전'이라는 돈을 거둔 일이었지요. 이 돈은 원래 '백성이 스스로 원해서 내는 돈'이라는 뜻을 가지고 있었습니다. 하지만 시간이 흐를수록 강제로 내야 하는 돈으로 바뀌고 말았지요. '원통하게 뜯기는 돈'이 돼버린 것입니다. 또 대원군은 '당백전'이라는 화폐를 만들어 모자라는 비용을 메우려 했습니다. 이 돈을 너무 많이 찍어내는 바람에 시장에 돈이 넘쳐나게 되었지요. 그러자 물가가 크게 올라서 백성들은 큰 고통을 당해야 했습니다. 가장 황당한 것은 '문세'라는 세금까지 새로 만들었다는 것입니다. 한양의 사대문 **흥인문, 돈의문, 숭례문, 숙청문**을 드나들 때마다 1푼~4푼의 돈을 바쳐야 했던 것이지요. 안 그래도 가난한 백성들에게 이것은 큰 부담이 될 수밖에 없었습니다. 이밖에도 공사에 쓸 나무가 부족하다며 양반들의 묘지에서 나무를 베어 내고, 백성들에게 억지로 일을 시키는 등 여러 가지 문제가 나타났습니다.

● 당백전
1866년 흥선 대원군이 만든 상평통보 당백전이다.

● 일본에서
메이지 유신 시작

● 독일 제국 수립,
빌헬름 1세 황제 취임

1868년   1871년

● 1866년~1871년 │ 서구 열강들의 조선 침략

이겨도 이긴 것이 아닌 서양과의 전쟁 이야기

세상은 빠르게 변화해 어느덧 서양 세력들이 조선을 공격해 오기 시작했습니다.
낯선 배와 신식 무기를 든 외국 군대와의 싸움으로
나라의 문은 더욱 더 굳게 잠기고 마는데요……

조선 사람 9천 명을 죽이겠다!

　1866년, 조선에서는 참혹한 광경이 펼쳐지고 있었습니다. 한양의 새남터와 서대문, 충청남도 보령 등에서 수많은 천주교도들이 처형당하고 있었던 것입니다. 2권에서도 잠시 나왔던 '병인박해'가 시작된 것이었지요.

　그런데 처형당한 사람들 중에는 낯선 외국인들의 모습도 보였습니다. 조선에 몰래 들어와 하느님 말씀을 전하던 9명의 프랑스 신부들이었습니다. 다행히도 리델이라는 신부는 처형의 손길을 피할 수 있었습니다. 그는 중국으로 달아나 그곳에 머물던 프랑스 공사관**지금의 대사관**과 군대에게 이 소식을 전했지요.

　자기 나라 사람이 9명이나 죽었으니 프랑스가 펄펄 뛰는 것은 당연했습니다. 그들은 "우리 프랑스 신부 1명당 1천 명의 조선 사람을 죽이겠다"며 길길이 날뛰었습니다. 그들은 군함과 병사들을 보내 조선을 정벌하기로 했습니다. '쳐들어온다, 아니다', 말도 많고 탈도 많았던 서양 세력과의 본격적인 만남이 전쟁으로 시작된 것입니다.

아이고!
사람 살려!

복수는 핑계에 불과했다

　그해 9월, 로즈 제독이 이끄는 군함 7척과 6백여 명의 병사들이 조선을 공격했습니다. 마침내 프랑스의 복수가 시작된 것입니다. 하지만 프랑스의 속셈은 단순한 복수극만이 아니었습니다. 이 기회에 조선의 문을 열고 교역을 하겠다는 진짜 목적이 있었던 것이지요. 신부들의 죽음을 핑계 삼아

침략을 시작하겠다는 약삭빠른 계산이 숨어 있었던 것입니다.

강화도에 상륙한 프랑스군은 재물을 약탈하고 사람을 함부로 죽이는 등 온갖 행패를 부렸습니다. 조선군은 프랑스군의 신식 무기를 피해 도망치기에 바빴지요. 하지만 조선에는 양헌수 장군과 그가 이끌던 300명의 포수가 있었습니다. 이들은 사냥으로 단련된 백발백중의 명사수들이었지요. 양헌수 장군은 이들을 이끌고 몰래 정족산성으로 들어갔습니다. 그곳에서 프랑스군과 목숨을 건 싸움을 하기로 결심한 것입니다.

이 사실을 안 프랑스군도 정족산성으로 향했습니다. 그런데 조선군을 몹시 깔봤던 이들은 대포도 없이 160명의 병사만 데리고 공격에 나섰습니다. 성안에서 기다리던 조선군의 총이 프랑스군을 향해 일제히 불을 뿜었지요. 순식간에 정족산성 부근은 이들의 붉은 피로 물들었습니다. 이날 목숨을 잃은 프랑스군은 6명, 그리고 수십 명의 병사들이 다쳤습니다. 이에 비해 조선군은 1명이 죽고 3명이 다쳤을 뿐이었지요. 조선의 승리였습니다.

이 전투로 혼쭐이 난 프랑스군은 용기를 잃고 말았습니다. 결국 이들은 강화도를 점령한 지 한 달 만에 되돌아가게 되었지요. 이것이 바로 역사에 기록된 '병인양요' 사건의 진상입니다.

계속되는 승리, 그런데 뭔가 찜찜하다?

'양요.' 이것은 '서양 사람들이 일으킨 난리'라는 뜻을 가진 말입니다. 일어난 때가 병인년(1866년)이어서 '병인양요'란 이름이 붙은 것이지요. 1840년 청나라와의 전쟁에서 승리하고, 1854년에는 일본을 무릎 꿇린 서양 세력이 조선에까지 손을 뻗친 순간이었습니다.

그런데 양요는 병인년에만 있었던 게 아닙니다. 그로부터 5년 뒤에는 '신미양요'라 불리는 사건이 일어났던 것이지요. 이 역시 '신미년(1871년)에 서양 사람들이 일으킨 난리'라는 뜻을 가진 말이었습니다.

신미양요 때 쳐들어온 서양 세력은 바로 미국이었습니다. 이들 역시 조선과의 교역을 위해 침략을 했던 것이지요. 이때 강화도에 상륙한 미군은 군함 5척을 나눠 타고 온 1,200여 명의 병사들이었습니다.

안타깝게도 이번 전쟁에서 승리의 신은 조선 편이 아니었습니다. 어재연 장군이 이끄는 조선 병사들은 용맹하게 싸웠지만 미군의 상대가 되지 못했기 때문입니다. 칼과 창, 구식 총을 든 조선군은 미군의 신식 무기를 도저히 당해 낼 수 없었습니다. 어른과 어린아이와의 싸움이었지요. 결국 이 전쟁에서 어재연 장군을 비롯한 340여 명의 조선군이 목숨을 잃었습니다. 미군은 겨우 3명이 죽고 10여 명이 다쳤을 뿐이었지요. 미군의 완벽한 승리였습니다.

하지만 전쟁에서 이긴 미군은 그만 기가 질리고 말았습니다. 조선군이 이렇게 용맹한데 1,200명의 병사로 어떻게 조선을 정벌할 수 있을지 자신이 없어진 것입니다. 결국 미국 역시 프랑스처럼 조선 정벌을 단념하고 되돌아가게 되었지요.

미군이 물러가자 조선은 이번에도 승리를 선언했습니다. 지고도 이겼다고 우긴 어정쩡한 승리. 하지만 침략자들이 물러갔으니 어쨌든 승리는 승리라고 말할 수 있었지요.

생각해 보면 대단한 일이었습니다. 중국도, 일본도 무릎 꿇은 서양과의 전쟁에서 이겼으니 당연한 일이었지요. 하지만 뜻밖에도 역사가들의 생각은 그렇지 않습니다. 두 전쟁에서 이긴 것은 그리 좋아할 일이 아니라는 것이지요. 이상한 일입니다. 목숨을 바쳐 나라를 지킨 일이 좋아할 일이 아니라고요? 죽어 간 조선 병사들에게는 정말 모욕적인 평가 아닐까요? 하지만 역사가들이 이런 평가를 내리는 데에는 그럴 만한 이유가 있었습니다.

지는 편이 나았던 두 번의 전쟁

자, 이쯤에서 다시 지난 2권에 나온 서학에 대해 기억을 떠올려 봅시다. 서학을 받아들이지 못한 결과 세계의 변화에 눈뜨지 못한 채 뒤처지게 된 조선에 대해서 말이지요. 역사가들은 그와 비슷한 일이 두 차례의 전쟁 뒤에도 나타났다고 말합니다. 전쟁에서 이긴 탓에 조선이 나라의 문을 더욱 굳게 걸어 잠그고 만 것이지요.

서양 세력의 침략을 물리친 흥선 대원군은 쇄국 정책**외국과의 외교와 무역을 금지하는 정책**을 더욱 강하게 펼쳤습니다. 전국 곳곳에 '척화비**서양 오랑캐와 친하게 지내는 것을 멀리하라는 내용을 새긴 비석**'를 세워 서양 세력과의 교류를 더욱 철저하게 금지시켰지요. 하지만 어리석은 일이었습니다. 그럴수록 조선은 더욱 더 우물 안 개구리 신세가 되고 말았으니까요.

● 척화비
'서양 오랑캐와 친하게 지내지 말라'는 내용을 새겨 흥선 대원군이 세운 비석

강제로 나라 문이 열린 중국과 일본은 서양과 불평등한 조약**나라 사이에 맺어진 약속**을 맺고 큰 시달림을 당해야 했습니다. 그러나 조선은 보다 유리한 입장이었지요. 전쟁에 이겼으니 훨씬 더 대등한 입장에서 서양과 교류할 수 있었기 때문입니다. 하지만 두 차례의 승리에 취한 조선은 그 반대의 길을 걸어갔지요. 발전을 위한 큰 기회를 놓치고 만 것입니다. 병인, 신미 두 양요를 두고 '이기고도 진 전쟁'이라는 평가가 나온 것은 바로 그 때문이지요. 두 전쟁을 통해 목숨을 잃은 350여 명의 피도 역사를 바르게 이끌어가는 데는 큰 도움이 되지 못했던 것입니다.

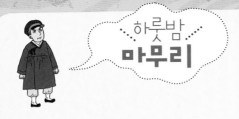

❂ 신미양요를 불러온 사건은 무엇이었을까?

신미양요의 원인이 된 사건은 병인양요가 일어나기 두 달 전인 1866년 7월에 일어났습니다. 미국의 장삿배인 제너럴셔먼 호가 조선과의 교역을 요구하다가 불에 탄 사건이었지요. 대동강을 거슬러 온 셔먼 호는 강 주변의 마을에 침입해 부녀자를 희롱하고, 사람을 죽이며 갖은 행패를 다 부렸습니다. 이에 분노한 평양 주민들은 힘을 합쳐 배를 불태우고 24명의 선원들을 모조리 죽여 버리고 말았던 것이지요. 미국은 이 사건에 대한 책임을 묻겠다는 구실로 조선을 침략한 것입니다.

❂ 양요보다 더 큰 충격을 준 남연군묘 도굴 사건

병인양요가 끝난 지 2년 뒤인 1868년. 이해 4월에는 양요보다 더욱 충격적인 사건이 벌어졌습니다. 독일의 상인 오페르트가 충청남도 덕산에 있는 남연군의 묘를 **도굴묘를 몰래 파내 그 안의 물건을 훔치는 일**하려 했던 것이지요. 남연군은 바로 흥선 대원군의 아버지였습니다. 오페르트는 1866년에도 조선에 와 교역을 요구했던 일이 있었지요. 그 뒤 병인박해가 일어나자 이에 항의한다는 핑계로 묘를 파헤치려 한 것입니다. 하지만 석회를 들이부은 묘를 부수기가 너무 어려워 도굴은 실패하고 말았습니다. 조상 모시는 일을 중요하게 생각했던 조선에서 이것은 용서할 수 없는 행동이었지요. 이 사건이 일어난 뒤에는 서양과의 교류가 더욱 철저하게 금지되었습니다.

✳ '어허, 그거 참 이상하게 생긴 배로구나!'

18세기 들어 조선의 바다에 나타난 서양 배들은 '이양선'이라고 불렸습니다. '이상한 모양을 가진 배'라는 뜻이었지요. 어마어마하게 큰 선체와 펄럭이는 돛 등 서양 배는 조선의 배와는 크게 달랐으니까요. 역사에는 1735년(영조 11년) 황해도에 나타난 이양선에 관한 기록이 남아 있습니다. 1797년(정조 21년)에는 영국 탐험선 프로비던스 호가 제주도와 울릉도 바다를 조사한 일도 있었지요. 또 1832년(순조 32년)에는 영국의 장삿배 로드 애머스트 호가 처음으로 조선과의 교역을 요구했다고 합니다. 이양선의 숫자는 갈수록 늘어나다가 고종 때는 128번이나 나타났다는 기록이 남아 있습니다.

● 1700년대 영국의 이양선

● 영국령 인도 수립.
영국 왕이
인도의 황제가 됨

● 미국의 에디슨,
전등 발명

1877년   1879년

⊙ **1875년~1876년** | 일본의 침략과 강화도 조약

나라의 문을 열어 주고 태평하게 잔치를 벌였다고?

프랑스와 미국의 침입에도 아랑곳 않던 조선의 문은
코앞에 있는 나라 일본에 의해 허무하게 열리고 맙니다.
도대체 어떤 속임수에 넘어갔던 걸까요?

인천 앞바다에 휘날리는 깃발의 정체는?

1875년 9월 20일, 강화도. 정체 모를 외국 군함 한 척이 초지진 앞바다로 다가들고 있었습니다. 그러지 않아도 나라의 분위기가 흉흉하던 때라, 조선 병사들은 잔뜩 긴장할 수밖에 없었지요. 얼마 후, 군함에서는 열네 명의 병사를 태운 작은 배가 내려졌습니다. 이 배는 초지진을 향해 빠르게 달려왔습니다.

● 운양호
나라의 문을 열지 않으려는 조선에 강제로 들어오기 위해 일본이 보낸 배

조선 병사들이 정지하라고 소리쳐도 작은 배는 들은 체 하지 않았습니다. 결국 우리 병사들은 용감하게 전투를 벌여 이들을 막아냈지요. 하지만 다음날도 공격은 계속됐습니다. 작은 배로는 안 되겠다 싶었는지 커다란 군함이 초지진을 공격한 것이지요. 그래도 조선 병사들은 죽음을 각오한 채 이들을 막아냈습니다.

결국 강화도에 상륙하지 못한 군함은 초지진 앞바다를 떠났습니다. 그러나 그들은 조선을 떠나려던 게 아니었습니다. 강화도 옆의 영종도오늘날 인천 국제공항이 들어선 곳로 목표를 바꿨던 것뿐이지요. 안타깝게도 영종도는 이들의 군홧발에 처참하게 짓밟히고 말았습니다. 군함의 공격으로 35명이 목숨을 잃었고 16명이 포로가 되었으니까요. 많은 대포와 총까지 빼앗기고 말입니다.

영종도를 점령한 이들은 자기 나라의 깃발을 내걸었습니다. 무슨 깃발이었을까요? 하얀 바탕에 빨간 동그라미. 어디서 많이 본 것 같지 않나요? 그렇습니다. 우리가 한일 국가 대표 운동 경기에서 흔히 보게 되는 바로 그

'일장기'였지요. 초지진을 공격하고 영종도를 짓밟은 군함은 바로 일본 배였던 것입니다. 배의 이름은 '운양호.' 그래서 역사에서는 이 일을 '운양호 사건'이라고 부르고 있습니다.

오리발을 내미는 일본의 속셈

이듬해인 1876년 2월이 되자 더욱더 기가 막힌 일이 벌어졌습니다. 조선이 운양호를 공격한 것에 대해 책임을 묻겠다면서 일본이 다시 쳐들어왔으니까요.

일본의 주장에 따르면 운양호는 조선의 바다와 뱃길을 평화롭게 조사하고 있었을 뿐이라는 것입니다. 또 마실 물이 필요해 초지진에 다가갔을 뿐인데 조선 병사들이 느닷없이 공격했다는 것이지요.

정말 운양호 사건은 조선의 잘못 때문에 일어났을까요? 그럴 리가 있나요! 남의 나라 바다에 허락도 없이 외국 군함이 들어와 뱃길을 조사한다고요? 그것이야말로 있을 수 없는 일이었습니다. 마실 물이 필요했다는 핑계도 마찬가지였지요. 그렇게 필요하면 먼저 일본 배라는 것을 밝히고 정중하게 부탁을 해야지요. 멈추라는 경고도 듣지 않고 달려드는 외국 배를 가만히 앉아서 보고만 있을 군대가 세상 어디에 있을까요? 결국 자기 잘못에 오리발을 내미는 것도 모자라 남의 뒤통수까지 치려는 행동에 불과했던 것입니다.

그렇다면 일본이 이런 행동을 하는 진짜 이유는 무엇이었을까요? 거의 반 년 만에 나타나 그날의 일을 다시 들먹이는 데에는 물론 진짜 속셈이 있었지요. 그 무렵 일본은 근대화에 성공하며 국력을 크게 길렀습니다. 그래서 다른 서양 나라들처럼 나라의 힘을 쏟아 식민지를 개척하려는 욕심으로 가득 차 있었지요. 그들의 눈길이 향한 건 가장 가깝고도 만만한 조선이었습니다. 일본은 먼저 조선을 삼키고 중국 대륙으로까지 진출한다는 원대한 계획을 세우고 있었으니까요. 결국 운양호 사건은 조선을 침략하기 위해 일본이 던진 미끼였던 것입니다.

이처럼 위기가 다가오는 데도 조선은 여전히 정신을 차리지 못하고 있었습니다. 이 무렵 조선은 흥선 대원군이 물러나고 왕비 민씨가 나라를 휘두르고 있었지요. 조정은 그녀의 친척인 민씨들이 손에 쥐고 있었고요. 그런데 이들은 일본의 협박이 시작되자 벌벌 떨고 말았습니다. 일본은 조선이 사과하고 나라 문을 열지 않는다면 큰코다칠 줄 알라며 큰소리를 탕탕 치고 있었지요. 겁에 질린 대신들은 결국 일본의 요구를 들어줘야 한다고 주장하게 됐습니다.

1876년 1월, 마침내 조선과 일본의 대표들은 강화도 연무당에 마주 앉았습니다. 그리고 한 달 뒤인 2월 27일에는 기어이 '강화도 조약'이 맺어졌지요. 두 번의 양요로 맞은 좋은 기회를 놓치고, 이제 엉뚱한 일본에게 문을 열어주고 만 것입니다. 차려진 밥상은 걷어차고 밥은 멍멍이에게 던져준 꼴이라고나 할까요?

굴욕적인 조약, 조선에서는 잔치를 벌였다?

병자년에 맺어져 '병자 수호 조약'이라고도 불리는 강화도 조약. 이것은 우리 역사상 최초로 다른 나라와 맺은 근대적 조약이라는 의미를 갖고 있습니다. 하지만 일본의 협박 속에 맺어진 조약이 제대로 된 것일 리가 있나요? 아니나 다를까. '수호서로 사이좋게 지냄'라는 그럴 듯한 이름과 달리 이 조약은 불평등한 내용으로 가득 차 있었습니다. 그 내용은 다음과 같습니다.

　　※ 조선은 일본을 위해 부산, 인천, 원산 항구를 열고 무역을 시작한다.

　　※ 일본은 조선의 바다를 마음대로 조사할 수 있다.

　　※ 일본인이 조선에서 죄를 저지르면 조선이 아니라 일본법에 의해 처벌
한다······.

　　한마디로 엉터리 같은 내용으로 가득했던 것입니다. 결국 이것은 일본의
조선 침략을 위해 다리를 놓아준 것과 다름없는 일이었지요. 비극적인 일
제 강점기는 바로 이 순간 싹 튼 것과 마찬가지였습니다.

　　그런데도 조정은 이 사실을 눈치 채지 못했습니다. 어느 역사책에서는

강화도 조약이 맺어진 뒤 조정에서 일어난 일을 이렇게 말하고 있습니다.

"나라의 체면을 지키며 무사히 일을 마쳤구나."

고종은 조약을 맺고 온 신하들을 칭찬한다. 또 신하들이 '일본인들이 우리 조선의 군대가 너무 약하다고 말했습니다'고 하자, 고종은 이렇게 대답했다.

"일본 사람들이 우리를 걱정해주는 자세가 되어 있구나."

그러고는 세자의 생일을 맞았다며 큰 잔치를 열어 흥청망청 즐기기까지 했다고 하지요. 이 잔치의 흥겨움이 피눈물로 바뀌기까지는 그리 오랜 시간이 걸리지 않았습니다.

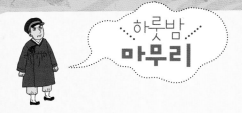

❀ '근대'와 '근대화'라는 것은 무엇일까?

보통 역사에서는 '고대 - 중세 - 근대 - 현대'로 시대를 나누고 있지요. 대략 고대는 이집트 문명 등이 나타났던 때부터 그리스 · 로마 시대까지, 중세는 그 이후부터 15세기까지, 근대는 16세기~19세기까지, 현대는 그 이후부터 현재까지를 가리키고 있지요. '근대화'란 18세기~19세기 동안 이루어진 큰 변화를 쫓아가려는 움직임을 말합니다. 이때는 여러 국가들이 법을 만들어 근대화를 통해 나라를 이끌어 가는 제도를 마련했습니다. 선거를 통해 자신의 대표를 뽑는 일도 이때부터 발전하기 시작했지요. 또 과학 기술의 발달을 통해 산업을 일으키고 여러 기업들이 세계를 무대로 활동하게 되었습니다. 이처럼 사회가 여유로워지자 여러 학문과 예술이 발달하는 등 문화도 더욱 풍성해졌지요. 한마디로 근대는 지금 우리가 살고 있는 세계의 밑바탕이 마련된 때였습니다.

❀ 조선이 서양 나라들과 맺은 조약에는 어떤 것들이 있을까?

한번 나라의 문을 열게 되자 다른 나라와의 조약 체결도 잇따르게 되었습니다. 1882년에는 미국과 '조미 수호 통상 조약조선과 미국이 사이좋게 지내며 무역을 하기로 한 조약'이 맺어졌습니다. 또 1883년에는 영국, 독일과 조약을 체결했고 1886년에는 프랑스와도 외교 관계를 맺기로 했지요. 미국과의 조약은 서양 국가와 맺은 최초의 조약이었습니다. 또 프랑스와의 조약 때는 더 이상 천주교를 박해하지 않는다는 약속을 하기도 했지요. 이렇게 하여 천주교는 조선에서 마음 놓고 선교를 할 수 있게 되었습니다.

☀ 안경이 그러라고 쓰는 물건이 아닐 텐데?

강화도 조약을 맺은 뒤 조선은 일본과의 약속에 따라 '수신사'를 보냈습니다. 이것은 옛날에 보내던 통신사처럼 일본과의 교류를 위한 외교 사절단이었지요. 1876년 4월 수신사 일행은 부산에서 황룡환이라는 배를 타고 일본으로 향했습니다. 재미있는 것은 이때 수신사 일행 10여 명이 전부 안경을 꼈다는 사실입니다. 눈이 나빠서가 아니었습니다. 일본 사람들이 안경을 많이 쓰는 것을 자기 신분을 과시하기 위한 행동으로 보고 그것을 따라 했던 것이지요. 수신사 일행은 일본의 발전된 모습을 본 뒤 큰 충격을 받았습니다. 또 조선은 청나라에도 '영선사'라는 것을 보내 근대 문물을 배워 오도록 했습니다. 1881년 중국에 도착한 영선사 일행에는 38명의 유학생이 포함되어 있었습니다. 하지만 학생들이 게으름을 부린 데다가 돈도 부족해서 1년 만에 모두 되돌아오고 말았지요.

● 안경을 쓴 박영효

그때 세계는

스페인의 화가
피카소 탄생

독일, 오스트리아,
이탈리아가 삼국 동맹 맺음

미국 독립 100주년

1881년　　　1882년　　　1883년

● 1882년 | 임오년에 일어난 군인들의 반란

궁지에 몰린 조선에서
웃음꽃을 피운 왕비?

흥선 대원군은 자신이 고른 볼품없는 집안의 처녀 민씨가
훗날 자신을 내쫓고 흥청망청 나라의 재산을 축낼 줄 알았을까요?
게다가 분노한 백성들을 두고 민비는 어이없는 선택을 하는데요……

1년 만에 나온 월급이 기가 막혀!

1882년 7월 18일. 무위영과 장어영 소속의 군인들은 희망에 부풀어 있었습니다. 이 날은 그토록 기다리고 기다리던 월급날! 무려 13개월 치나 밀려 있던 월급이 나오는 날이었기 때문입니다.

하지만 그런 기쁨도 잠시뿐! 군인들의 부푼 가슴은 곧 분노와 증오로 바뀌고 말았습니다. 월급으로 나온 쌀가마를 열어 보니 기가 막혔던 것이지요. 반은 썩은 쌀이요, 반은 돌과 모래로 가득했으니 당연한 일이었습니다.

"아아, 정말이지 이럴 수는 없는 일이다……!"

군인들은 분노에 차서 소리쳤습니다. 모두들 월급 받기를 거부하고 창고 관리에게 달려가 거칠게 항의했지요.

그런데 활활 타오르던 이들의 분노에 기름을 부은 사건이 생겼습니다. 병조판서인 민겸호가 앞장섰던 병사 네 명을 붙잡아 처형하겠다고 나선 것입니다. 군인들은 무위영의 대장 이경하를 찾아가 억울한 사정을 밝혔습니다. 그러나 이경하는 들은 체 만 체일 뿐이었지요. 결국 화가 난 군인들은 이경하의 부하를 여러 명 죽인 뒤 거리로 뛰쳐나갔습니다. 역사에 '임오군란**임오년에 군인들이 일으킨 반란**'이라 기록된 사건이 터지고 만 것입니다.

이걸 어떻게 먹으라는 거야?

무위영, 장어영이라면 그 당시 궁궐과 한양을 지키던 조선 최고의 부대입니다. 그런 부대에 13개월 치나 월급이 밀렸다고요? 간신히 받아 든 쌀가마에 먹지도 못할 쌀이 담겨 있었다고요? 대체 그 무렵 조선에서는 무슨 일이 벌어지고 있었던 것일까요?

금강산에 쌀을 바칠 때가 아닌데…

고종의 왕비였던 민비. 그리고 그녀 덕분에 세상을 손에 쥔 민씨 집안. 이들이 저지른 온갖 횡포야말로 임오군란이 일어나게 된 가장 큰 원인이었습니다.

원래 민비는 왕비가 될 운명이 아니었습니다. 흥선 대원군은 고종이 어렸을 때 안동 김씨의 처자와 혼례를 약속한 일이 있었으니까요. 하지만 고종이 왕위에 오르자 이 혼약은 없던 일이 돼버렸지요. 또 다시 안동 김씨가 날뛸 것을 염려했기 때문입니다. 그 대신 대원군은 자기 부인의 집안이기도 한 민씨 중에서 왕비 감을 골랐습니다. 그것도 민씨 중에서 가장 집안이 볼품없고 고아나 다름없는 처녀를 점찍었지요. 조정에 외척 세력이 발붙이지 못하게 하려는 생각이었습니다.

하지만 이것은 대원군의 큰 착각이었습니다. 뒷날 '민비'라고 불리게 될 이 처녀는 엄청난 여장부였기 때문입니다. 1873년 대원군은 결국 며느리 민비와의 싸움에서 져 쫓겨나다시피 궁궐을 떠나야 했습니다. 10년에 걸친

가난한 집안의 소녀가 딱이지!

대원군의 시대가 저물고 중전 민비의 세상이 찾아온 것이지요.

불행하게도 조선은 민씨 세상에서도 전혀 달라지지 않았습니다. 세상의 주인만 안동 김씨에서 여흥 민씨로 바뀌었을 뿐이었지요. 궁궐의 사치는 오히려 더 심해지고, 백성의 삶은 더욱 깊은 구렁텅이로 빠져들었습니다.

이 무렵 궁궐에서는 밤마다 대낮처럼 불을 밝힌 채 잔치가 열렸습니다. 고종과 민비는 흥청망청 즐기다가 아침이 되어서야 잠들었지요. 그래서 조정의 아침 회의는 저녁 회의로 바뀌기까지 했습니다. 누구보다 부지런해야 할 조정에서 조회 아닌 석회**저녁에 열리는 회의**가 열린 것이지요. 이뿐만이 아닙니다. 민비는 병약한 세자를 위해 기도를 드린다며 금강산의 1만 2천 봉우리마다 쌀 한 섬과 베 한 필, 돈 백 냥을 바치기도 했습니다. 이런 짓을 저지르는 데 들어간 돈은 수백, 수천만 금이나 되었습니다. 만약 이런 돈을 굶주린 군인과 백성들을 위해 썼다면 어땠을까요? 아마도 반란 같은 건 일어나지 않았을 것입니다.

백성들의 피를 빨아 자기 한 몸 살찌우는 데 이용한 왕비와 친척들. 또한 이들의 등에 업혀 잔치의 흥겨움에나 빠져 있던 고종. 이들에 대한 분노가 쌓이고 쌓여 터진 것이 바로 임오군란이었던 것입니다.

외국 군대를 끌어들인 왕비

그럼 이경하의 집을 뛰쳐나온 군인들은 어떻게 됐을까요?

분노한 5천여 명의 병사들은 부패한 벼슬아치들을 찾아 나섰습니다. 백성들 역시 이들을 따라나서 군중은 삽시간에 1만여 명으로 불어났지요. 이들은 횡포를 일삼던 벼슬아치들과 민씨에게 돈을 대주던 시전 상인 1백여 명을 죽였습니다. 조선에 와 있던 일본인들도 무사하지 못했습니다. 성난 군중들이 일본 공사관을 습격하여 13명을 죽인 것입니다.

이제 군중들은 나라를 망친 주인공 민비를 잡아 죽이려 했습니다. 하지만 민비는 궁궐 담장을 넘어 아슬아슬하게 도망치고 말았지요. 공포에 떨던 고종은 할 수 없이 흥선 대원군을 불러들였습니다. 군인들과 백성들이 흥선 대원군을 원한다는 사실을 알고 사건의 해결을 맡겼던 것이지요. 쫓겨났던 대원군이 9년 만에 다시 등장한 순간이었습니다.

하지만 여장부 민비는 호락호락 당하지 않았습니다. 충청도에 숨어 있던 그녀는 몰래 청나라에 가 있던 신하들에게 편지를 보냈습니다. 하루빨리 청나라에 부탁하여 군대를 보내달라는 것이었지요. 그들의 힘을 빌려 반란을 꺾고 대원군을 몰아내려 한 것입니다.

놀라운 일이었습니다. 임오군란이 일어나자 일본은 벌써 자기 국민들을 지킨다며 1,500명의 병사들을 조선에 보낸 뒤였습니다. 이미 들어온 군대를 내보내도 모자랄 판에 또 다른 외국 군대를 불러들이면 어떤 일이 생길까요? 조선은 두 나라 군대에 의해 쑥대밭이 되고 백성들도 더욱 큰 고통을 당하게 될 것입니다. 결국 왕비라는 사람이 자기 목숨을 위해 나라를 죽을 자리로 밀어 넣은 꼴이었지요.

모든 것은 예상대로 흘러갔습니다. 조선에서 일본의 힘이 커지는 걸 두려워 한 청나라는 이때다 하며 3천 명의 병사들을 보냈습니다. 민비의 뜻은 이루어져 대원군은 청나라로 끌려가게 됐지요. 반란을 일으킨 군인과 가족들 가운데는 수백 명이 체포되거나 처형당하고 말았습니다.

궁궐로 되돌아온 민비의 얼굴에는 환한 웃음꽃이 피었지요. 하지만 조선은 웃을 수 없었습니다. 청나라와 일본 군대에 휘둘려 더욱 아무 것도 할 수 없는 나라가 되었기 때문입니다. 나라의 자주성이 더욱 땅에 떨어져 버린 것입니다. 임오군란을 겪은 조선은 멸망으로 한걸음 더 가까이 다가가게 되었습니다.

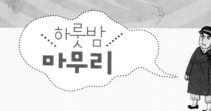
❀ 신식 군대 별기군, 그들은 누구인가?

임오군란이 일어나게 된 또 다른 원인은 신식 군대 별기군에 대한 증오 때문이었습니다. 다른 군인들이 굶어 죽을 상황인데도 이들은 온갖 혜택을 누리고 있었던 것입니다. 별기군은 1881년 새롭게 군사 제도를 고치면서 만들어졌습니다. 일본 등 외국의 군대를 본 따 근대적인 군대를 길러 내려 했던 거지요. 그래서 이 부대의 훈련은 일본으로부터 장교를 초청하여 실시하도록 했습니다. 400여 명에 이르는 별기군 병사들은 양반집 자제들로 이루어져 있었습니다. 그래서 신분이 낮은 다른 군인들과 달리 좋은 대접을 받았지요. 이런 신분 차별과 일본에 대한 증오심도 임오군란이 일어나게 된 중요한 원인이었습니다. 결국 별기군은 임오군란이 일어난 뒤 사라지게 되었습니다.

❀ 태극기의 탄생도 임오군란 때문이었다고?

우리나라의 국기인 태극기가 처음으로 만들어진 것은 1882년입니다. 이때 박영효란 인물은 고종의 명령에 따라 일본으로 향하게 되었지요. 임오군란 때 일본인들이 죽은 것을 사과하려는 것이었습니다. 그런데 한 가지 창피한 일이 있었습니다. 다른 나라는 다 국기를 갖고 있는데 조선은 없었던 것이지요. 박영효는 외교 사절로 나가면서 국기도 없이 가는 일이 몹시 마음에 걸렸습니다. 그래서 배의 선장인 영국인 제임스, 영국 영사 애스턴 등과 의논하여 태극기를 만들게 되었지요. 태극 문양을 중심으로 건곤감리의 4괘가 있는 형태였습니다. 이 사실은 고종에게 보고되었고 1883년 3월, 태극기는 정식 국기로 제정되었지요. 태극기의 탄생도 임오군란의 영향 속에서 이루어졌던 것입니다.

● 박영효가 만든 태극기

그때 세계는

● 청나라와 프랑스 전쟁

● 영국의 지배에 반대하는 인도 국민회의 정당 탄생

● 미국의 노동자들이 헤이마켓 폭동 일으킴

● 일본, 메이지 헌법 발표

1884년 　　　　　 1885년 　　　　　 1886년 　　　　　 1889년

● **1884년** | 조선의 근대화를 위한 움직임, 갑신정변

'3일 천하'로 끝난 젊은이들의 반란

우리도 세상의 중심이 될 수 있다고 생각한 이들이 있었습니다.
젊은 혈기로 궁궐에 쳐들어가 민비 세력을 몰아내고자 했지요.
이들의 계획은 과연 성공할 수 있었을까요?

세상의 중심은 어디에 있을까?

"지금 중국이 어디에 있을까? 이리 돌리면 미국이 중국이 되고, 또 저리 돌리면 조선이 중국이 되는구나. 어느 나라든지 한가운데로 오면 중국이 되니, 세상에 중국이 따로 정해져 있는 것일까?"

이곳은 우의정 박규수의 사랑방. 그가 벽장에서 꺼내온 지구의를 돌리며 하는 말입니다. 그 앞에는 몇 사람의 젊은이가 눈빛을 빛내며 귀를 기울이고 있었지요.

여기서 박규수가 말한 '중국'이란 우리가 잘 알고 있는 나라 이름이 아닙니다. '가운데 중(中), 나라 국(國)', 말 그대로 '세상의 중심에 있는 나라'를 말하는 것이었지요. 빙그르르 돌던 지구의가 멈추면 그곳이 곧 가운데가 됩니다. 그러니 세상에 중국이 어디 따로 정해져 있겠느냐는 것입니다. 다시 말해 조선도 수백 년간 섬겨 온 중국을 벗어나 세상의 또 다른 '중국'으로 거듭나야 한다는 것이었습니다.

박규수. 그는 대표적인 실학자 연암 박지원의 손자였습니다. 그래서인지 그는 일찍부터 외국의 근대 문물을 적극적으로 받아들여야 한다고 주장해 왔지요. 뜻 있는 많은 젊은이들도 박규수의 생각에 고개를 끄덕였습니다. 그래서 그의 사랑방은 늘 그런 젊은이들로 북적대고 있었지요. 김옥균, 홍영식, 박영효, 서광범, 서재필……. 이름 높은 양반집 자식들인 이들도 박규수의 영향을 받아 조선의 새로운 길을 찾게 되었습니다.

세상은 이들을 '개화파'라는 이름으로 불렀습니다. '개화'란 '사람의 지혜가 열려 낡은 것을 새롭게 발전시키는 것'을 말합니다. 즉, 이런 생각을 현실 속에서 실천하는 사람들이 바로 '개화파'였던 것이지요.

● 박규수(1807년~1877년)
연암 박지원의 손자로 실학을 받아들이고 조선을 개화하려 노력했다.

잔칫날에 타오른 불꽃

1884년 12월 4일 밤. 이날은 '우정국 낙성식'이 열린 날이었습니다. 낙성식이란 어떤 건물이 완성된 것을 축하하는 행사를 말하지요. 곧 우리 역사상 최초로 근대적인 우체국이 탄생한 것을 기념하는 행사가 열린 것입니다.

환하게 불을 밝힌 채 흥겨운 잔치가 벌어졌습니다. 높은 벼슬아치들과 여러 나라의 외교관들까지 모여들어 즐거운 시간을 보내고 있었지요. 그런데 갑자기 난데없는 비명 소리가 들려왔습니다.

"불이야, 불이야!"

잔치판은 순식간에 난장판으로 바뀌었습니다. 모두들 불을 피해 도망치려고 우왕좌왕하게 되었지요. 그런데 사실 이 불은 개화파가 일부러 지른

것이었습니다. 그들이 계획하고 있던 거사(큰일을 일으킨다는 뜻)가 시작되었음을 알리는 신호탄이었던 것입니다.

개화파의 거사? 그것은 우정국 낙성식에 민씨의 우두머리들을 불러들인 뒤 이들을 죽인다는 것이었습니다. 그 뒤 궁궐에 있는 고종을 설득하여 개화파 내각(나랏일을 이끄는 최고 관아, 정부와 같은 뜻)을 세운다는 것이었지요. 개화파들이 이처럼 엄청난 계획을 세운 데에는 이유가 있었습니다. 민씨 세력과 청나라의 반대를 뚫고 근대화를 이루기 위해서는 이런 '특별한 방법' 밖에는 성공할 가능성이 없다고 생각했던 것이지요.

개화파는 계획대로 민씨들을 공격하며 궁궐로 쳐들어갔습니다. 그러고는 겁에 질려 있던 고종과 민비, 세자를 경우궁으로 데리고 갔지요. 작은 궁궐인 경우궁은 자신들이 거느린 적은 수의 군사로도 청나라 군대를 막아낼 수 있었기 때문입니다. 결국 개화파는 고종을 졸라 새로운 내각을 세웠습니다. 또 조선을 개혁하기 위한 14개의 정책들도 함께 발표했지요.

※ 청나라에 대한 조공을 폐지한다.
※ 양반 신분 제도를 폐지하고 모든 국민을 평등하게 대한다.
※ 필요한 정부 기관만을 남기고 다른 것은 없앤다.
※ 토지 제도를 개혁하여 백성을 구하고 나라 살림을 튼튼히 한다.
※ 교육, 군사, 경찰 등의 제도를 개혁한다……

모두가 이들이 평소 품었던 생각을 담은 정책들이었습니다.

갑신정변! 1884년(갑신년) 12월에 일어난 이 사건은 그렇게 불렸습니다. '정변'이란 보통과는 다른 특별한 방법을 사용해 정치를 바꾸는 것을 말합니다. 개화파가 앉아서 죽느니 무기를 들고 싸워서라도 나라를 바꾸겠다고

● 경성 우정국

● 우체부의 모습

나선 것처럼 말입니다. 그리고 아직까지 모든 것은 개화파의 뜻대로 흘러가고 있었습니다. 이제 세상은 그들의 손에 쥐어지는 듯 보였지요.

우리 힘으로 근대화를 이루려 했지만…

하지만 이들의 세상은 그리 오래 가지 못했습니다. 청나라와 민씨의 공격을 받아 모든 것이 끝장나고 만 것입니다. 청군의 공격을 막기 위해 임금을 경우궁으로 옮긴 것도 소용이 없었습니다. 청나라와 몰래 짠 민비가 떼를 써서 더 넓은 창덕궁으로 옮겨갔기 때문이지요.

12월 6일 시작된 청군의 공격에 개화파는 큰 패배를 당했습니다. 그리하여 갑신정변이 성공한지 사흘 만에 개화파의 세상은 물거품으로 변했지요. 이것을 역사에서는 '3일 천하**고작 3일 동안 권력을 잡았다는 뜻**'라고 부릅니다. 조선인 149명, 일본인 38명, 중국인 10명 등 200여 명의 사망자를 낸 채 허무하게 막을 내린 것이지요.

안타까운 일이었습니다. 갑신정변은 우리 힘으로 근대화를 이루려 한 역사상 최초의 움직임이었기 때문입니다. 역사에 만약은 없다지만 갑신정변이 성공했다면 우리 역사는 크게 달라졌을지도 모릅니다. 이미 늦었다고 생각할 때가 사실은 가장 빠른 법! 다른 나라에 비해서는 뒤쳐졌지만 그때부터라도 근대화를 위한 노력에 더욱 부지런히 나설 수 있었을 테니까요. 갑신정변의 좌절로 인해 조선의 근대화는 더욱 어려운 길로 빠져들 수밖에 없었습니다. 개화파의 패배와 함께 '또 다른 중국'을 향한 조선의 꿈도 시들어버릴 수밖에 없었지요.

❀ 개화파들의 가장 큰 실수가 일본과 손을 잡은 것이었다고?

　개화파들은 목숨을 걸고 나섰지만 백성들은 오히려 이들을 '매국노나라를 팔아먹은 사람' 라 부르며 미워했습니다. 여기에는 개화파 자신의 책임이 아주 컸지요. 일본의 군대와 돈을 빌려 갑신정변을 성공시키려 했기 때문입니다. 강화도 조약 이후 일본이 우리의 국권을 노리는 상황에서 백성들이 분노한 것은 당연했습니다. 결국 이것은 갑신정변의 성공에 꼭 필요했던 백성들의 도움을 얻지 못하는 결과를 만들었지요. 청나라를 견제하기 위해 일본을 이용하려던 것이 오히려 실패의 원인이 됐던 것입니다.

❀ 개화파들이 너무 젊었던 것도 문제였다

　개화파들이 너무 젊고 경험이 부족했다는 점도 실패의 원인이었습니다. 갑신정변의 지도자인 김옥균은 33세였고, 홍영식은 29세, 서광범은 25세였습니다. 또 박영효 23세, 서재필 20세로 20대 초반의 젊은이들까지 포함되어 있었지요. 그래서인지 이들은 어수룩한 모습을 많이 보이고 말았습니다. 가장 중요한 무기를 제대로 검사하지 않아 녹슨 총을 들고 싸우다 패배했던 것이 대표적인 예이지요. 그래서 역사가들은 이들이 너무 젊은 혈기만을 앞세운 게 문제였다고 말하기도 합니다.

✸ 갑신정변이 실패한 뒤 개화파들은 어떻게 되었을까?

갑신정변이 실패하자 개화파들에게 닥쳐온 것은 비참한 운명이었습니다. 김옥균, 박영효, 서재필 등 9명은 그래도 운이 좋아 일본으로 망명**정치, 종교 등 여러 가지 이유로 자기 나라에서 살지 못하고 외국으로 나가는 일**할 수 있었습니다. 그러나 홍영식, 박영교 등 7명은 청군에게 붙잡혀 살해당하고 말았지요. 이밖에 조선에 남은 개화파들의 가족들도 큰 고통을 당했습니다. 많은 사람들이 처형당하거나 자살을 했고 그중에는 굶어 죽은 사람까지 있었으니까요. 망명을 했던 김옥균도 뒤에 고종의 명령을 받은 홍종우라는 인물에게 암살당하고 말았습니다.

● **갑신정변의 주역들**

박영효, 서광범, 유길준, 김옥균 등 갑신정변을 일으킨 주요 인물들이 보인다. 이들의 꿈은 무너졌지만, 갑신정변은 이후 한국에서 일어난 근대화 운동의 씨앗이 되었다.

그때
세계는

● 미국 운디드 니
지역에서
인디언 학살 사건
발생

● 시베리아
횡단 철도
공사 시작

● 필리핀에서 스페인에
반대하는 독립운동 단체
필리핀연맹 결성

● 뉴질랜드,
정치에 참여하는
여성의 권리 인정

● 청일전쟁

1890년 ·········· 1891년 ·········· 1892년 ·········· 1893년 ·········· 1894년

● **1894년** | 새 세상을 향한 백성들의 꿈, 동학 농민 전쟁

녹두꽃이 떨어지면
청포장수가 울고 가는 까닭은?

어지러운 세상을 바꾸기 위해 기어이 농민들이 나섰습니다.
사람이 곧 하늘이라는 동학의 가르침으로 뭉친 이들 앞에는
역시나 청나라와 일본에 도움을 청하기 바쁜
무능한 조정이 있었지요……

구슬픈 노랫말 속에 담긴 뜻

새야새야파랑새야

녹두밭에 앉지 마라

녹두꽃이 떨어지면

청포 장수 울고 간다

여러분 중에서도 이 노래를 알고 있는 친구들이 있겠죠? 하지만 이 노래가 불리게 된 진짜 이유를 아는 친구들은 많지 않을 겁니다. 그저 오래 전에 불렸던 구슬픈 민요라고 알고 있는 친구들이 대부분일 테니까요.

사실 이 노래에는 슬픈 사연이 있습니다. 동학 농민 운동을 이끌었던 녹두 장군 전봉준. 그리고 그를 따르던 수많은 백성들. 그들의 꺾인 꿈과 슬픔이 고스란히 묻어 있기 때문입니다. 듣기만 해도 눈물이 주르르 흐를 것만 같은 이유는 바로 그것이지요.

노랫말에 나오는 '녹두꽃'이란 바로 녹두 장군 전봉준을 가리키는 말입니다. 그렇다면 파랑새는 누구이며, 청포 장수는 왜 슬피 울고 간다는 것일까요?

동학만이 희망인 세상

갑신정변이 실패로 끝난 지 어언 10년. 그동안에도 조선은 더욱 깊은 수렁으로 빠져들고 있었습니다. 나라를 지키고 백성의 방패가 돼야 할 조정과 벼슬아치들이 전혀 변한 게 없었기 때문입니다. 청나라와 일본의 잔기침 소리에는 사시나무 떨듯 하면서도 백성들 앞에서는 염라대왕이 저리 가라일 정도였지요. 나라야 어떻게 되든 백성 등쳐 먹는 일에는 조금도 게으름을 부리지 않는 그들이었습니다.

결국 백성을 구할 수 있는 건 그들 자신뿐이었습니다. 조선 왕조에겐 더 이상 기대할 게 없었으니까요. 이런 상황에서 동학이 힘을 얻은 건 당연한 일인지도 몰랐습니다. 자, 여러분도 사람이 곧 하늘이며, 날 때부터 모든 인간은 평등하다는 동학의 주장이 기억나나요? 그런데 이 무렵 동학은 한 걸음 더 나아가고 있었습니다. 부패한 벼슬아치들을 내쫓고 백성이 주인이 되자는 생각이 무르익고 있었던 것이지요. 한 마디 한 마디가 송곳처럼 백성의 마음에 꽂히는 주장들이었습니다. 그렇게 동학은 백성의 마지막 희망으로 자리 잡고 있었습니다.

전봉준은 그런 동학의 접주한 **지역의 동학교도들을 이끄는 지도자**였습니다. 몰락한 양반 출신인 그가 '녹두 장군'이란 별명을 갖게 된 데에는 이유가 있었습니다. 그의 체격이 녹두 열매처럼 몹시 작았기 때문입니다. 그러나 작은 몸집과 달리 그의 꿈은 원대했습니다. 그는 가난한 어린 시절을 보내며 지옥 같은 백성의 삶을 똑똑히 보아온 터였습니다. 세상과 백성을 구하기 위해 무엇이 필요한지를 잘 알고 있었지요. 그런 그가 평등한 세상을 꿈꾸는 동학에 뛰어든 것은 자연스러운 일이었습니다.

동학 농민 운동의 막이 오르다

전봉준의 꿈에 불을 지른 건 그가 살던 고부에서 일어난 한 사건이었습니다. 그 무렵 고부를 다스리고 있던 건 조병갑이라는 벼슬아치였지요. 그는 탐관오리로 소문이 자자하던 인물이었습니다. 그가 백성들로부터 가로챈 곡식이 무려 700여 섬. 게다가 자기 아버지의 공덕비**쌓아온 공과 덕을 기념하기 위해 세운 비석**를 세운다며 천 냥에 달하는 돈을 거두는 등 그의 횡포는 끝이 없

더 많은 곡식을
세금으로 내라!
명령이다!

· · · ·

었지요. 그는 항의하는 백성들을 잡아다 매타작을 한 끝에 죽이기까지 했습니다. 이때 죽은 전창혁이라는 농민은 바로 전봉준의 아버지였지요. 고부의 백성들로서는 더 이상 견딜 수 없는 상황이 벌어지고 있었습니다. 전봉준은 마침내 굳게 결심했습니다. 항의를 해서도 통하지 않는다면 이제 무기를 들고 싸우는 길밖에는 없다는 것이었지요.

1894년 2월 26일. 마침내 동학 농민 운동의 횃불이 타올랐습니다. 이날 전봉준은 수백 명의 동학 교도, 백성들과 함께 고부 관아로 쳐들어갔습니다. 간발의 차이로 조병갑은 놓쳤지만, 그 대신 새로운 세상을 향한 농민들의 꿈은 거대한 발걸음을 내딛게 되었지요.

고부 관아를 점령한 농민군은 거기서 멈추지 않았습니다. '보국안민**나라를 돕고 백성을 편안하게 한다**'의 깃발을 들고 곳곳에서 싸움을 시작한 것입니다. 순식간에 수만 명으로 불어난 농민군은 정읍, 고창, 무장 등에서 관군을 무찔

렀습니다. 한때는 전주성을 점령하고 한양을 위협할 정도로 농민군의 기세
는 하늘을 찔렀지요.

조정은 불난 호떡집이 되었습니다. 특히 조선 최고의 군대라고 불리던
장어영 부대마저 농민군에게 패배하자 그들의 두려움은 더욱 커졌지요. 결
국 고종은 다시 한 번 외국 군대의 도움을 빌리기로 했습니다. 이렇게 하여
일본은 또다시 조선 땅에 발을 내딛을 수 있게 되었습니다. 조선을 식민지
로 삼으려는 그들의 꿈에 날개를 달아준 꼴이었지요. 외국 군대의 힘을 빌
려 자기 백성을 죽여 달라고 부탁하다니……. 고종의 결정은 그처럼 어리
석었습니다.

떨어진 녹두꽃, 꺾여 버린 새 세상의 꿈

결국 동학 농민군은 다시 한 번 깃발을 들어 올리게 되었습니다. 첫 번째
는 조선의 썩은 현실을 바꾸기 위한 것이었지만, 이제는 일본의 손아귀로
부터 나라를 구하는 일이 더욱 중요해진 것입니다.

최후의 전투를 위해 모인 동학 농민군은 무려 20만 명! 그러나 칼과 죽창
대나무를 깎아 만든 창을 든 이들은 현대식 무기를 갖춘 2천 명의 일본군을 당해
낼 수 없었습니다. 한양으로 가는 길목인 공주의 우금치 전투에서 농민군
은 뼈아픈 패배를 당하고 말았지요. 무려 절반이 넘는 병사들이 전사한 것
입니다. "시체가 쌓여 산을 이뤘다"고 할 만큼 처참한 패배였습니다.

뿔뿔이 흩어진 나머지 사람들도 무사할 수는 없었습니다. 이들 역시 일
본군과 조선 관군에 쫓기다가 붙잡혀 처형당한 사람들이 셀 수 없을 정도
로 많았으니까요. 전봉준도 체포의 손길을 피할 수는 없었습니다. 부상까
지 당한 그는 부하의 배신으로 포로가 되고 말았지요. 1895년 전봉준은 한

양으로 끌려와 처형당하고 말았습니다. 그의 나이 꼭 마흔 살이 되던 해. 백성들과 함께 새 세상을 만들려던 위대한 꿈도 함께 꺾이게 된 것입니다.

동학군과 싸우던 일본군은 파란색 모자를 쓰고 있었다고 합니다. 자, 그렇다면 노래 속의 '파랑새'가 누구를 가리키는지 짐작할 수 있을 것입니다. 그럼 '청포 장수'란 누구를 뜻하는 것일까요? 청포 장수란 녹두로 만든 묵을 파는 장사치를 말합니다. 여기서는 곧 전봉준과 함께 새 세상의 꿈을 키워 나갔던 백성들을 가리키고 있지요. 녹두꽃이 떨어져 버렸으니 열매가 열릴 리 없습니다. 청포 장수가 눈물짓게 된 이유이지요. 녹두 장군과 함께 새 세상에 대한 꿈을 빼앗긴 백성들의 눈에서는 서러운 눈물이 뚝뚝 흐를 수밖에 없었습니다.

❀ 조선 땅에서 벌어진 청일 전쟁

동학 농민군의 기세가 높아지자 외국 군대를 불러들인 조선의 조정. 원래 조정이 군대를 보내달라고 부탁한 나라는 청나라였습니다. 그런데 청나라는 이전에 일본과 한 가지 약속을 맺은 일이 있었지요. 조선에 무슨 일이 생겨 군대를 보낼 때는 상대방 국가에 먼저 알리도록 한 것입니다. 부탁을 받은 청군은 조선에 군대를 보내며 일본에도 이를 알렸지요. 그러자 일본 역시 재빨리 군대를 보내게 되었습니다. 일본 군대까지 몰려오자 당황한 조선 정부는 두 나라 군대 모두 물러가도록 요구했습니다. 청나라는 이 요구를 받아들이려 했지만 일본은 그렇지 않았습니다. 이들은 조선 정부를 협박하는 한편, 다른 한편으로는 청군을 기습 공격하여 청일 전쟁을 일으켰습니다. 갑자기 공격을 받은 청군은 평양 전투에서 패배한 뒤 압록강을 건너 도망쳐 버렸지요. 이렇게 하여 일본은 한반도를 차지하겠다는 자신의 꿈에 한 걸음 더 다가가게 되었습니다.

● **청일 전쟁 당시의 일본군**

⊛ 조선의 개혁에 영향을 미친 동학 농민 운동

동학 농민군은 나라와 백성을 살리기 위한 12개의 요구 사항을 내걸었습니다. ❀ 노비 문서는 모두 불태운다 ❀ 백정, 기생, 노비, 승려, 무당, 광대 등 천민들을 공평하게 대한다 ❀ 남편을 잃은 과부는 다시 결혼하는 것을 허락한다 ❀ 관리를 뽑을 때는 지역에 차별을 두지 않는다 ❀ 백성이 진 빚은 모두 없애 버린다……. 그 무렵의 상황에서는 하나같이 놀라운 것들이었지요. 이런 요구들은 나중에 조선 정부에 의해 받아들여진 것이 많았습니다. 신분 제도를 없애고 과거제를 폐지하여 인재를 공평하게 선발하는 일, 과부의 재혼 허가, 노비 제도의 폐지 등 500년 조선 사회의 뿌리를 흔든 새로운 제도의 밑바탕이 된 것입니다. 동학 농민 운동은 실패했지만 그것이 역사에 남긴 자취는 결코 작지 않았습니다.

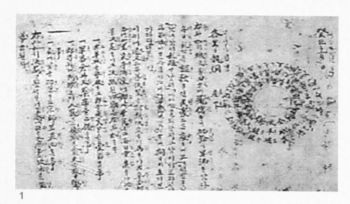

1

2

● 사발통문 1

사발을 뒤집고 그 주위에 이름을 둥글게 적었다. 누가 우두머리인지 알아볼 수 없도록 한 조치였다.

● 체포되는 전봉준 2

전봉준은 체포 후 서울로 옮겨져 재판을 받고 사형에 처해진다.

● 이탈리아의
마르코니,
무선 전신 발명

● 그리스 아테네에서
제1회 올림픽 대회 열림

1895년   1896년

◉ **1895년** | 을미사변과 아관파천

외국 불량배들에게 죽임을 당한 조선의 왕비

위기 때마다 청나라, 일본에 도움을 청해 왔던 민비.
이번에는 러시아에 도움을 요청한 것이 일본의 미움을 사게 됩니다.
백성들에게는 팥쥐 엄마 같은 어머니였던 민비의 운명은 어떻게 될까요?

나라의 어머니에게 닥친 비극

임금은 나라 그 자체이며 왕비는 만백성의 어머니. 그래서 왕조 시대에 왕비는 '국모나라의 어머니라는 뜻' 라고 불렸지요. 나라의 어머니……. 무서운 임금과 달리 뭔가 자애로움이 느껴지지 않나요? 그래서인지 왕조 시대에는 왕보다 왕비가 백성들로부터 더 큰 사랑을 받는 경우가 많았다지요.

그런데 이런 국모가 큰 사건에 휘말려 살해됐다면? 더구나 그 범인이 외국에서 보낸 불량배였다면? 헉, 그런 일이 어떻게 가능하겠냐고요? 그런데 우리 역사에서는 그런 끔찍한 일이 실제로 일어났습니다. 살해당한 주인공은 바로 민비! 그녀는 자애로운 어머니이기는커녕 백성을 괴롭히고 나라를 망친 사람 중의 하나였습니다. 그래도 어쨌든 왕비였으니 조선의 국모는 분명했지요.

"여우를 잡아라!"

작전명은 '여우 사냥'이었습니다. 바로 일본이 민비를 죽이기 위해 짰던 작전이었지요. 당연히 여기서 '여우'는 민비를 가리킵니다. 그 무렵 일본은 민비를 구미호보다 더 미워하고 있었으니까요.

동학 농민 운동이 끝난 지 겨우 1년. 이번에는 조선에서 러시아와 일본이 힘을 겨루고 있었습니다. 얼지 않는 항구를 찾아 남쪽으로 손을 뻗친 러시아가 청나라 대신 일본과 맞서고 있었던 것입니다. 원래 청나라와 가까웠던 민비는 이번에는 러시아와 굳게 손을 잡았습니다. 이들을 이용하여 일본과 친일파일본과 친하게 지내던 무리들을 내쫓으려던 것이었습니다.

재주는 곰이 부리고 돈은 사람이 버는 꼴이 될까봐 일본은 두려웠습니다. 애써 공들여 온 조선을 러시아가 홀랑 먹어 치울 것 같았기 때문입니다. 고

민하던 일본은 마침내 엄청난 계획을 세웠습니다. 민비를 죽여 조선과 러시아 사이의 관계를 끊으려 한 것입니다. 이름하여 '여우 사냥'이 시작된 것이었지요.

1895년 10월 8일, 운명의 날이 밝아 왔습니다. 어슴푸레한 새벽빛을 가르며 궁궐을 향해 뛰어가는 일본 낭인직업이 없이 이리저리 떠돌아다니는 불량배 50여 명의 모습이 보였습니다. 궁궐을 지키던 조선의 호위 병사들은 열 배가 넘는 500여 명. 그러나 이들은 겨우 몇십 분도 버티지 못하고 도망치고 말았지요.

낭인들은 고종과 민비가 잠자던 곤령전과 옥호루로 몰려갔습니다. 놀라서 깨어난 고종은 낭인들에게 큰 수모를 당하기까지 했습니다. 멱살을 잡힌 채 옷을 찢긴 것이지요. 세자 역시 마찬가지였습니다. 낭인이 휘두른 칼등에 목덜미를 맞아 기절하고 말았으니까요. 그래도 이들은 다행이었습니다. 치욕은 당했지만 목숨만은 건졌기 때문입니다. 문제는 바로 민비였습니다.

낭인들은 앞을 막아서는 신하들과 궁녀들을 차례로 벤 뒤 민비를 찾았습니다. 궁녀 옷으로 변장한 채 겁에 질려 있던 민비는 마침내 이들의 손에 잡혔지요. 휘이익! 날카로운 칼날이 공기를 가르며 민비를 덮쳤습니다. 민비의 44년에 걸친 삶이 끝나는 순간이었습니다. 우리 역사에서는 가장 치욕적인 장면이 펼쳐진 순간이기도 했지요.

하지만 치욕은 거기서 끝난 게 아닙니다. 낭인들은 민비의 시체를 이불에 감싼 뒤 뜰에 나가 불태우기까지 했으니까요. 범죄의 증거를 없애려 한 것이지요. 이렇게 하여 조선의 왕비는 세상에서 흔적도 없이 사라지고 말았습니다.

'여우'를 잡은 일본은 거칠 것이 없었습니다. 그들은 민비의 경쟁자인 흥선 대원군을 앞장세워 친일파 내각을 세웠지요. 대원군은 며느리에 대한 증오심으로 일본을 편드는 잘못된 결정을 내리고 말았던 것입니다. 이것이 바로 우리 역사 속에 벌어진 치욕 중의 치욕, '을미사변을미년에 일어난 난리'이었습니다.

조선이라는 나라의 자존심과 위엄, 체통은 모두 민비와 함께 사라지고 말았습니다. 왕비를 살리든 죽이든 그것은 그 나라 왕조와 백성의 선택에 달린 문제여야 했습니다. 한낱 외국의 불량배에게 왕비의 목숨을 맡긴다는 건 있을 수 없는 일이었지요. 멸망에 이른 조선의 현실은 그처럼 비참했습니다.

한밤중에 궁궐을 버리고 도망친 임금

을미사변이 일으킨 폭풍우는 그 뒤로도 계속됐습니다. 이번에는 민비의 남편 고종이 또 다른 사건의 주인공으로 등장하게 되었지요.

민비가 죽은 뒤, 고종과 세자는 생명의 위협에 몸을 떨었습니다. 왕비까지 살해된 마당에 자신들도 언제 죽을지 모르는 신세였으니까요. 궁궐에는 친일파들만이 득실댔고, 궁녀와 내시를 비롯하여 믿을 수 있는 사람은 아무도 없었습니다. 결국 고종은 궁궐에서의 탈출을 꿈꾸게 되었습니다.

1896년(고종 33년) 2월 11일 새벽. 두 채의 가마가 궁궐을 빠져나왔습니다. 이미 며칠 전부터 궁녀 몇 사람이 똑같은 가마를 타고 궁궐을 드나들고 있었습니다. 그래서 궁궐을 감시하던 병사들은 아무런 관심도 보이지 않았지요.

궁궐을 빠져나온 가마는 정동으로 향했습니다. 이윽고 가마가 도착한 곳은 러시아 공사관. 그런데 가마 문이 열리자 놀라운 광경이 펼쳐졌습니다.

가마에서 내린 것은 궁녀가 아니라 여자 옷으로 변장한 고종과 세자였기 때문입니다.

친러파러시아와 친하게 지내던 무리 신하들과 러시아 공사관이 치밀한 작전을 편 끝에 성공한 탈출! 역사에서는 이 일을 '아관파천'이라 부르고 있지요. 이 무렵 러시아를 가리키던 말 아라사의 '아', 공사관을 뜻하는 '관', 임금이 난리를 피해 도성을 떠나는 일을 말하는 '파천'이 합쳐진 말입니다. 곧 '러시아 공사관으로 임금이 피신했다'는 뜻이었지요.

아관파천의 결과 일본은 닭 쫓던 개 신세가 되고 말았습니다. 친일파 내각도 무너지고 김홍집, 어윤중 등의 대신들은 흥분한 군중들에게 맞아 죽기까지 했습니다. 이후 내각은 친러파가 이끌어가게 되었습니다. 고종을 보호하게 된 러시아는 일본과 맞설 수 있는 힘을 갖게 되었지요.

고종의 탈출 작전은 그렇게 성공으로 끝났습니다. 하지만 그건 정말 볼썽사나운 모습에 불과했지요. 한 나라의 임금과 세자가 있어야 할 곳은 외국 공사관이 아니라 바로 자신의 궁궐이었기 때문입니다.

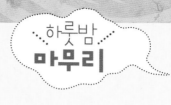
◉ 왕비의 죽음보다 머리카락 지키는 일이 더 중요하다?

온 세상이 어지럽던 당시 나라를 바로잡으려는 백성들의 투쟁은 끊이지 않았습니다. 동학 농민 운동이 실패로 끝난 뒤, 백성들은 의병 활동으로 일본에 맞서 싸웠습니다. 이 중 가장 먼저 일어난 것은 민비가 죽던 해인 1895년(을미년)에 일어난 을미의병이었지요. 그런데 의병들은 왕비의 죽음 보다는 다른 이유 때문에 더 열심히 싸웠다고 합니다. 그해 11월에는 친일파 내각이 '단발령'을 내 렸지요. 단발령이란 성인 남자들의 상투를 자르고 간편한 차림을 하도록 한 명령을 말합니다. 유 교에서는 우리 몸의 모든 것은 부모에게 받았으니 함부로 자르거나 깎아서는 안 된다고 가르칩니 다. 그런 가르침이 몸에 밴 백성들에게 단발령은 개, 돼지가 되라는 것보다 더 치욕적인 것이었지 요. 양반과 백성들은 왕비의 죽음보다는 단발령이 떨어진 것에 더 분노했다고 합니다.

◉ 고종은 정말 민비를 사랑했을까?

민비가 워낙 여장부여서 그랬는지 몰라도 고종은 많은 것을 그녀에게 의지했습니다. 그래서 고 종은 민비의 치마폭에 쌓여 있다는 비난도 많이 받았습니다. 그런데 을미사변 뒤에 놀라운 일이 벌어졌습니다. 민비가 죽은 지 겨우 닷새 만에 고종이 엄 상궁이라는 궁녀를 곁에 두기 시작한 것 입니다. 이때는 일본의 요구 때문에 민비의 왕비 자격을 빼앗고 죽음조차 알리지 못하던 때였지 요. 그런 상황에서 다른 여자를 가까이 한 것은 아무래도 이상하게 보일 수밖에 없습니다. 아아, 고종은 진짜 민비를 사랑하기는 한 걸까요? 한 여자에 대한 사랑은 둘째 치고 한 나라의 국왕이 그 런 상황에서 할 행동은 아닌 것 같네요.

어린이를 위한 하룻밤에 읽는 한국사

2

비극의 역사, 식민지가 된 나라

● 퀴리 부인, 라듐 발견

● 쿠바와 필리핀의 지배권을 놓고 미국, 스페인 전쟁

● 미국, 영국 등 8개국 연합군, 베이징 점령

● 노벨상 제정

1898년　**1899년**　**1900년**　**1901년**

◉ **1897년** │ 대한 제국 선포

황제가 다스리는 나라, 대한 제국의 이상한 탄생

살기 위해 러시아 공사관으로 피난을 갔던 고종,
궁궐에 돌아와서 한 일은 빙해 가는 나라의 이름을 바꾸는 것이었습니다.
그런데 근사한 이름이 나라의 운명까지 바꿀 수 있었을까요?

궁궐로 돌아온 고종이 벌인 일은?

1897년 2월 고종은 러시아 공사관을 떠나 궁궐로 되돌아왔습니다. 아관 파천이 일어난 지 꼭 1년 만에 자신의 집으로 돌아온 것이지요. 하지만 원래 살던 경복궁으로는 가지 못하고 경운궁**지금의 덕수궁**에 머물기로 했습니다. 그 주변에는 러시아를 비롯하여 미국, 영국 등의 공사관이 있었기 때문입니다. 여차하면 이들 공사관으로 피신해 도움을 구할 생각이었지요.

고종이 이런 결정을 내린 데에는 몇 가지 이유가 있었습니다. 우선 한 나라의 국왕이 외국 공사관에 얹혀사는 것은 아무래도 체면이 서지 않았습니다. 곳곳의 유생들이 환궁**궁궐로 되돌아감**을 요구하는 등 백성들의 비판이 끊이지 않았습니다. 여기에 러시아 공사관이 너무 비좁아 생활하기 불편하다는 점, 러시아가 힘을 얻은 지금 일본이 이전과 같은 행패를 부리지 못할 거라는 생각도 있었습니다.

어쨌든 나라는 평온을 되찾는 듯 보였습니다. 고종의 자신감도 되살아나는 듯했지요. 환궁한 지 몇 달 되지 않아 고종은 한 가지 일을 시작했습니다. 바로 호박에 푸른 물감을 칠하고, 검은 줄을 그어 수박으로 만드는 일이었지요. 나라가 망해 가는 상황에 한가한 놀이나 해도 되느냐고요? 글쎄요. 도대체 고종의 수박 만들기 놀이는 어떤 것이었을까요?

호박에 줄 긋는다고 수박이 될까?

"우리나라는 삼한(三韓, 마한 · 진한 · 변한)의 땅으로서 하나로 통일되었다. 지금 나라의 이름을 '대한(大韓)'이라고 정해서 안 될 것이 없다. 일찍이 여러 나라의 책에 조선 대신 한이라는 이름을 쓴 일도 있으니, 널리 알리지 않아도 세상에서는 모두 '대한'이라는 나라 이름을 알 것이다."

1897년 10월, 고종이 대신들과 이야기를 나누는 도중에 나온 말입니다. 한마디로 나라 이름을 '대한'으로 새롭게 바꾸겠다는 것이지요. 물론 바뀔 이름은 지금의 대한민국이 아니라 '대한 제국'이었습니다. 제국이란 '황제가 다스리는 나라'라는 뜻이지요.

잠깐만, '황제'라고요? 여러분의 갸웃거리는 얼굴이 떠오릅니다. 우리는 지금까지 황제란 중국의 왕을 가리키는 말이었다고 배워 왔기 때문이지요. 중국을 섬긴 조선의 왕은 임금이나 국왕 정도로 불려왔다는 사실도요. 그런데 이제 조선이 황제의 나라가 된다는 것입니다.

고종은 자신의 생각을 실천하기 시작했습니다. 그해 10월 12일, 환구단이라는 제단을 쌓아 놓고 황제의 즉위식을 연 것입니다. 이제껏 사용하던 중국 연호를 버리고 '광무힘을 길러 나라를 빛내자는 뜻'라는 조선만의 연호도 사용하기로 했지요. 죽은 민비가 명성황후가 되고, 세자가 황태자로 불리게 된 것도 바로 이때부터였습니다.

그런데 여러분, 아무래도 좀 이상합니다. 나라 이름을 바꾸고 임금이 황제가 된 건 모두 을미사변과 아관파천이라는 황당한(?) 사건을 겪은 뒤입니다. 그 사이 나라의 기운이 용처럼 하늘로 솟아오른 것도 아닌데, 이게 도대체 어인 일일까요?

물론 여기에도 나름대로의 이유가 있었습니다. 아까도 말했지만 아관파천이 있은 뒤 일본은 러시아의 눈치를 보느라 전처럼 활개를 칠 수 없었지요. 원래 조선보다는 만주를 원하던 러시아도 일본과 싸우기를 꺼렸지요. 두 강대국이 서로 행동을 조심했기 때문에 그 사이에 낀 조선은 어느 정도 여유를 찾을 수 있었습니다.

그러자 신하와 유생들 중에는 이 기회를 이용하여 땅에 떨어진 나라의 체면을 다시 세우자는 사람들이 나왔습니다. 고종의 생각 역시 이들과 같았

지요. 나라 이름을 바꾸고 황제가 되면 나라가 크고 기운차게 일어나지 않을까 기대한 것입니다. 그렇게 하여 조선이 강한 나라로 다시 태어났음을 널리 알리고 싶었던 것이지요.

결국 본바탕이 바뀌지는 않지만 성형 수술을 통해서라도 달라진 모습을 보여 주자는 것입니다. 하지만 다 죽어 가는 사람이 성형 수술을 해서 바뀌는 게 있을까요? 초췌한 안색과 건강은 그런다고 돌아오지는 않을 테지요. 안타깝게도 고종이 했던 수박 놀이의 정체는 바로 이것이었습니다.

이름뿐인 제국의 황제

"나라의 독립을 지키는 것은 국가의 힘이지 왕을 부르는 이름이 아니다. 외국의 군대가 궁궐을 침입하여 왕비까지 살해하는 마당에 황제가 무슨 소용인가? 도대체 정부 대신들 가운데 어떤 사람이 이 따위 생각을 임금의 머리에 집어넣었을까?"

그 무렵의 정치가였던 윤치호란 사람의 말입니다. 뜻있는 '대한 제국'의 국민들 대부분은 그와 똑같은 생각이었지요. 열강들 역시 마찬가지였습니다. 이들은 겉으로는 황제가 된 고종 앞에 머리를 조아렸습니다. 그러나 뒤에서는 '이런 일은 동전 한 닢보다도 가치가 없다'고 비아냥대고 있었지요.

역사적으로 우리 조상들은 황제의 나라 중국에 못지않은 자부심을 갖고 있었습니다. 고구려의 광개토 대왕은 태왕황제와 같은 뜻으로 불렸고, 고려 시대 왕들은 스스로를 '짐황제가 자신을 가리키던 이름'이라고 불렀지요. 또 중국과 다른 연호를 사용하며 그들과 대등한 관계라는 걸 자랑하기도 했습니다.

하지만 멸망을 앞둔 조선의 고종처럼 거창한 즉위식을 갖고 외국으로부터 인정받은 황제는 없었지요. 이것은 5천 년 역사 최초의 일입니다. 언뜻 보면 정말 자랑스럽고 자부심 넘칠 만한 일입니다. 하지만 그것은 윤치호의 말처럼 멸망하는 현실을 가리기 위한 애처로운 몸부림일 뿐이었지요. 호박에 줄을 긋는다고 해서 결코 수박이 될 리는 없었던 것입니다.

◉ 독립 협회와 만민 공동회

　1896년 7월 초 조선에는 '독립 협회'라는 단체가 모습을 드러냈습니다. 이 단체의 목적은 청나라 사신들이 드나들던 영은문을 헐고 그 자리**지금의 서울 서대문구**에 '독립문'을 세우려는 것이었습니다. 조선이 청나라로부터 독립한 자주국임을 알리려는 것이었지요. 하지만 독립 협회의 활동은 그것으로 끝나지 않았습니다. 《독립신문》을 발행하고, 토론회와 연설회를 열어 국민들의 애국심과 독립심을 높이려 한 것이지요. 특히 독립 협회가 개최한 '만민 공동회**모든 사람들이 하나가 되는 모임**'는 뜨거운 열기 속에 열리곤 했습니다. 위로는 정부의 대신으로부터 아래로는 부녀자, 농민, 상인, 백정 등 모든 사람들이 참가하여 나라를 위한 자신의 생각을 발표했던 것이지요. 이것은 국민들의 자주독립 의식을 발전시키는 데 큰 역할을 했습니다. 하지만 독립 협회는 고종의 명령에 의해 강제로 해산되고 말았습니다. 독립 협회의 주장이 의회를 만들려는 움직임으로 발전하자 이 단체를 없애도록 한 것입니다. 이것이 왕권에 대한 도전으로 비쳤던 것이지요.

◉ 민비라 불러야 할까, 명성 황후라 불러야 할까?

　비운의 왕비 민비. 그런데 요즘 그녀를 민비가 아닌 명성 황후라 불러야 한다는 주장이 나오고 있습니다. 고종이 황제가 되고 조선이 대한 제국이 됐으니 그녀도 황후라 불려야 한다는 것이지요. 특히 민비라는 이름은 일본 사람들이 그녀를 깎아내리기 위해 쓰던 명칭이었으니 더욱 바꿔야 한다고 주장합니다. 하지만 어떤 사람들의 생각은 그렇지 않습니다. 보통 조선에서는 왕비를 가리킬 때 '비'라는 명칭을 사용했다는 것이지요. 그리고 민비가 죽은 1895년은 아직 대한 제국이 탄생하지 않았을 때입니다. 만약 대한 제국이 탄생해서 그녀를 황후라 불러야 한다면 그 이전의 모든 왕비들도 황후라고 불려야 한다는 것이지요. 게다가 대한 제국이라는 이름은 그리 자랑스러운 것도 아니고, 민비가 저지른 수많은 잘못을 생각해 보면 황후라는 명칭이 아깝다는 사람도 있습니다. 여러분의 생각은 어떤가요?

러시아, 시베리아 철도 개통	미국의 라이트 형제, 비행기 만듦	러일 전쟁	독일의 과학자 아인슈타인, 상대성 이론 발표	미국 샌프란시스코에서 대지진 발생
1902년	1903년	1904년	1905년	1906년

1905년 | 을사조약과 외교권의 상실

을사년에 벌어진 을씨년스운 사건은?

나라 전체가 몹시도 스산하고 쓸쓸했던 해가 있었습니다.
을사년에 벌어진 일이었는데요. 어찌나 흉흉했던지,
훗날 을씨년스럽다는 말이 생길 정도였습니다. 도대체 무슨 일이 일어난 걸까요?

낱말 속에 숨어 있는 역사

여러분, '맹구 알'이라는 말을 빠르게 반복하면 어떻게 될까요? 처음에는 비교적 정확하게 '맹구 알'이 되지만, 잠시 뒤에는 "맹괄, 맹괄", 나중에는 "맹갈 맹갈"이 되지 않나요? 무슨 말을 하고 싶은 거냐고요? 바로 우리가 사용하는 낱말은 사람이 발음하기 편리한 방향으로 변해 가는 경우가 있다는 것이랍니다.

그런데 지금 이 이야기를 꺼낸 건 '맹구 알'이 어떻게 발음되는지를 알아보려는 게 아닙니다. 우리가 흔히 쓰는 '을씨년스럽다'는 말. 이 낱말도 처음에는 다르게 불리다가 발음하기 편리한 대로 바뀌었다는 것을 말하기 위해서였지요.

'어떤 분위기나 날씨가 몹시 썰렁하고 음산하다'는 뜻을 가진 이 낱말. 그런데 이 말 속에는 뜻밖에도 우리 민족의 아픈 역사가 숨어 있습니다. 그 역사로부터 시작된 말이 변해 가면서 을씨년스럽다는 새로운 낱말로 태어난 것이지요. 대체 이 말 속에 숨어 있는 아픈 역사란 무엇일까요?

일본의 협박으로 맺은 조약

"우리나라의 법에 따르면 이런 중요한 문제는 신하와 백성들의 뜻에 따라야 하오."

"백성의 반대는 쉽게 누를 수 있습니다. 두 나라의 우정을 생각해서라도 당장 결정해 주십시오."

"그대의 말에 따르는 건 곧 우리나라가 망하는 것을 뜻하오. 난 이 일을 허락하느니 차라리 죽어 버리겠소!"

1905년 11월, 조선의 궁궐. 두 남자가 대화를 나누고 있습니다. 한 사람은 대한 제국의 황제 고종이고, 다른 한 사람은 신사복을 입은 늙수그레한 일본인입니다. 이 일본 사람의 이름은 이토 히로부미. 혹시 여러분 중에 아는 친구도 있을 것입니다. 훗날(1909년) 중국 만주의 하얼빈 역에서 우리 안중근 의사에게 목숨을 잃은 바로 그 사람이지요. 그는 조선을 식민지로 만들기 위한 일을 지휘하던 일본의 최고 우두머리였습니다.

그래서인가요? 두 사람의 대화 내용이 정말 살벌합니다. 이토 히로부미는 지금 뭔가를 빨리 결정하라고 고종을 협박하고 있습니다. 그러자 고종 황제는 차라리 자살하겠다고 버티고 있지요. 도대체 무엇을 결정하라는 이야기일까요?

"조선의 외교권을 일본에 넘겨라!"

이토 히로부미가 협박하는 내용은 그것이었습니다. 정말 엄청난 협박입니다. 이것은 조선이 독립된 나라임을 포기하라는 말과 똑같았으니까요. 세계를 향해 자신의 권리를 주장할 수 없는 나라가 무슨 독립된 나라인가요? 그저 무늬만 독립국일 수밖에 없지요. 일본이 노리는 것 역시 바로 그것이었습니다. 외교권을 빼앗은 조선을 자신의 보호국**보호하는 나라**으로 만들어 마음 놓고 요리하겠다는 것이었지요.

생각해 보면 조선을 식민지로 만들기 위해 일본이 밟아온 길은 무서울 정도로 치밀했습니다. 운양호 사건, 갑신정변, 청일 전쟁, 동학 농민 운동, 민비 살해……. 이들 사건에 끼어들거나 스스로 계획했던 것이 모두 조선을 식민지로 만들기 위해 차근차근 계단을 밟아온 것과 비슷했으니까요.

그런데 여기에 또 하나가 있었지요. 한 해 전인 1904년, 일본은 눈엣가시 같던 러시아를 공격하여 전쟁을 일으켰던 것입니다. '러일 전쟁**조선을 놓고 러시아와 일본 사이에 벌어진 전쟁**'이라 불리는 이 싸움에서 일본은 큰 승리를 거두었습니다. 러시아는 눈물을 머금고 조선에서 완전히 물러날 수밖에 없었지요.

이제 일본의 앞을 막아설 자는 아무도 없었습니다.

일본의 협박은 이런 상황 아래서 벌어졌습니다. 고종은 끝까지 버텼지만 그런다고 문제가 해결될 상황은 아니었지요. 일본은 궁궐 안팎에 군대를 끌어들여 무시무시한 분위기를 만들었습니다. 그러고는 자신에게 고분고분하던 신하들을 시켜 나라의 외교권을 내놓겠다는 약속을 받아냈습니다. 마침내 '을사보호조약'이 맺어진 것입니다.

을사년(1905년) 11월에 맺어진 이 조약으로 조선의 자주성은 사실상 사라지고 말았습니다. 이름 좋아 '보호국'이지 결국 일본의 식민지가 된 것과 마찬가지였지요. 을사보호조약의 내용을 담은 문서에 고종은 끝끝내 도장을 찍지 않았습니다. 나라의 최고 우두머리인 국왕의 도장조차 찍히지 않은 엉터리 조약. 하지만 힘이 없는 조선으로서는 제대로 항의조차 할 수 없었습니다.

"이 날을 목 놓아 통곡하노라!"

을사보호조약이 맺어지자 백성들의 분노가 들끓은 건 당연했습니다. 시종무관장 벼슬을 하던 민영환은 조약에 항의해 스스로 목을 찔러 자살했습니다. 대한 제국의 관리였던 79살의 조병세도 서울로 올라와 독약을 먹고 목숨을 끊었습니다. 유학자 최익현을 비롯한 많은 이들은 의병을 일으켜 일본과 싸웠습니다. 장지연이라는 언론인은 '시일야방성대곡오늘을 목 놓아 통곡하노라'이라는 글을 《황성신문》에 실어 이 날의 슬픔을 알리기도 했지요.

"아아, 원통하구나! 2천만 동포들아, 노예가 되었구나! 단군 이래 4천 년 민족정신이 하룻밤 사이에 망하고 말 것인가! 원통하다, 원통하다!"

일반 백성들도 마찬가지였습니다. 상인들은 가게 문을 걸어 잠근 채 항의

하고, 학생들은 등교를 거부한 채 분노했습니다. 이렇게 하여 전국 주요 도시의 거리는 하루아침에 삭막하고 썰렁한 풍경으로 바뀌고 말았지요.

'을씨년스럽다'는 이 음울하고 썰렁한 분위기를 표현하기 위해 만들어진 말이었습니다. 뭔가 엄청난 일이 벌어진 것만 같은 이 흉흉한 분위기를 우리 선조들은 '어이구, 을사년스럽다, 을사년스럽다'고 표현했던 것이지요. 그러다가 어느 결에 '을시년스럽다'가 되고, 결국에는 '을씨년스럽다'는 말로 굳어지게 된 것입니다.

이런 말이 만들어질 만큼 을사조약의 치욕은 우리 민족의 마음속에 큰 상처를 남겼습니다. 이제 '을씨년스럽다'라는 말을 사용할 기회가 생긴다면, 우리도 이 말 속에 숨은 아픈 상처를 떠올리게 되겠지요.

◉ 을사보호조약은 어떤 내용을 갖고 있을까?

을사보호조약의 주요 내용은 다음과 같은 것들입니다.

※ 조선의 외교에 관한 모든 일은 일본 외무성이 지휘한다.

※ 조선 정부는 일본 정부의 허락 없이 다른 나라와 조약을 체결할 수 없다.

※ 조선 황제 밑에 일본인 통감 1명을 두어 조선의 외교에 관한 일을 관리한다.

특히 일본은 통감을 우두머리로 둔 통감부라는 것을 조선에 설치했습니다. 그런데 통감부는 외교만이 아니라 조선의 국내 문제에도 간섭했지요. 조약 내용에도 없는 불법을 저지른 것입니다. 결국 외교만이 아니라 조선의 거의 모든 나랏일이 일본의 손아귀에 들어가고 말았지요.

◉ 부끄럽구나, 나라를 팔아먹은 을사오적들!

나라를 위해 몸을 바치기는커녕 일본의 요구대로 조약 체결에 응했던 관리들이 있습니다. 이완용, 이지용, 이근택, 박제순, 권중현이 바로 그들이지요. 사람들은 이들을 '을사오적(乙巳五賊)'이라 불렀습니다. '을사년에 나라를 팔아먹은 다섯 명의 도적'이란 뜻이지요. 을사조약이 체결된 뒤 군부대신**국방부 장관** 이근택은 집에 돌아와 "이제 우리는 영원토록 부귀영화를 누릴 것이다"라고 자랑했다고 합니다. 그러자 부엌에서 일하던 하녀가 칼을 던지고 나와 "너 같은 놈을 위해 일하고 밥을 얻어먹었으니 치욕을 씻을 길 없다"며 집을 뛰쳐나갔다는 이야기는 유명하지요. 그만큼 을사오적에 대한 백성들의 분노는 강했습니다. 이들은 조선이 식민지가 되자 일본 귀족의 자리에 올라 호강을 하며 살았습니다. 뿐만 아니라 그 후손 역시 이때 쌓아 놓은 재산으로 지금까지 떵떵거리며 사는 경우가 많지요. 우리 민족이 해방된 뒤 친일파들을 제대로 처벌하지 못했기 때문에 빚어진 비극입니다.

● 일본, 아시아 최초로
소학교 의무 교육 실시

● 러시아의 퉁구스카에서
운석 폭발

● 청나라와 일본,
간도 협약 체결

1907년 **1908년** **1909년**

● **1910년** | 한일 병합 조약과 국권의 상실

조선 왕조 5백 년의 마지막 순간,
백성들이 조용했던 이유는?

나라의 운명이 바람 앞의 촛불과도 같았습니다. 마지막까지 조선의 주권을
지키려 했던 세 사람의 밀사, 그리고 호시탐탐 고종을 내쫓으려는 일본⋯⋯.
이런 위기에 백성들은 정작 냉랭했던 까닭은 무엇일까요?

헤이그에 나타난 3인의 밀사

1907년 6월 25일, 네덜란드의 수도 헤이그. 승객들로 붐비는 헤이그 기차역에 세 남자가 나타났습니다. 남루한 옷차림, 피로에 지친 얼굴. 그러나 눈빛만은 시퍼렇게 살아 있는 세 명의 동양인이었지요.

그때 헤이그에서는 제2차 만국 평화 회의가 열리고 있는 중이었습니다. 세 명의 동양인들 역시 이 회의에 참석하기 위해 달려온 길이었습니다. 평화 회의에 참석한다지만 세 사람의 얼굴에서는 그런 빛을 찾아볼 수 없었습니다. 평화는커녕 전쟁터에 나가는 듯한 비장한 표정만이 가득했으니까요.

이들은 누구였을까요? 바로 대한 제국의 황제 고종이 보낸 밀사**비밀 임무를 띠고 보내진 관리**들이었습니다. 이상설, 이준, 이위종! 고종은 이들을 보내 을사조약이 무효이며, 조선이 자주독립 국가로 남을 수 있도록 도와달라고 세계에 호소하려 했던 것입니다.

'우리들의 어깨에 조국의 운명이 달려 있다.'

자, 이러니 세 사람의 표정이 비장할 수밖에요.

쫓겨난 대한 제국의 황제

하지만 모든 것은 너무나 허무하게 끝나고 말았습니다. 세 사람의 밀사는 초대받지 못한 손님이었습니다. 그들은 회의장 안으로는 한 발자국도 내딛지 못했지요. 참가 자격이 없다며 회의장 문을 열어 주지 않았으니까요.

모두 일본의 방해 때문이었습니다. '조선은 외교권이 없는 일본의 보호국에 불과하니 회의에 참석시켜서는 안 된다'고 끈질기게 주장했던 것입니다. 고종의 밀사 작전은 그렇게 끝나고 말았습니다. 물에 빠진 사람이 지푸라기라도 잡는 심정으로 펼친 작전이었지만 허무하게 막을 내린 것이지요.

밀사들은 울분을 토해 냈지만 아무 소용없었습니다. 밀사 중 한 사람인 이준은 크게 실망한 나머지 몸져눕게 되었습니다. 결국 그는 낯선 헤이그에서 눈을 감았지요.

밀사 작전이 실패로 끝나자 이제 일본의 공격이 시작되었습니다. 일본은 '감히 고종 따위가 우리를 속였다'며 분노를 터뜨렸습니다. 하지만 속으로는 은근히 기뻐하고 있었지요. 이 기회를 이용하여 조선을 더욱 순한 양으로 길들일 수 있었으니까요.

일본은 먼저 말을 듣지 않는 고종을 내쫓기로 했습니다. 밀사 사건의 책임을 지라며 왕위에서 물러나도록 한 것이지요. 유학자였던 황현의 책 『매천야록』에는 이 무렵 벌어진 황당한 사건이 기록되어 있습니다. 고종이 끝까지 말을 듣지 않자, 친일파의 우두머리 이완용이 임금 앞에서 칼을 빼들었다는 것입니다.

"폐하는 지금 세상이 어떤 세상이라고 생각하십니까!"

이완용은 분노한 목소리로 그렇게 호통쳤습니다. 이제 세상은 일본과 친일파의 것이 되었으니 죽고 싶지 않으면 왕위에서 내려오라는 것입니다.

아무리 그렇더라도 임금 앞에서 칼을 빼들고 호통이라니……. 왕조 시대에는 있을 수 없는 일이 벌어진 것입니다. 하지만 고종은 그런 치욕을 당하면서도 못 들은 척 딴청을 피울 뿐이었습니다. 결국 일본은 고종을 내쫓고 그 아들인 순종을 왕위에 세웠습니다. 그는 고종보다 더 나약한 허수아비 왕일 뿐이었습니다.

이렇듯 임금을 갈아 치우고 난 뒤 일본은 새로운 조약을 맺도록 강요했습니다. 조선의 사법권재판에 관한 권리과 관리 임명권을 일본에 넘기고, 군대를 해산하라는 조약이었지요. 역사에서는 이것을 정미년(1907년)에 일본과 맺은 7가지 약속이라는 뜻에서 '정미 7조약'이라고 부르고 있습니다.

이제 조선은 외교권도 없고, 심부름꾼 하나 마음 놓고 뽑을 수 없는 나라가 되었습니다. 더구나 외적이 쳐들어와도 누구 하나 지켜 줄 사람 없는 처량한 신세가 되고 말았지요. 아아, 백성들의 한숨 소리가 들려오는 듯합니다. 하늘이시여, 이게 정말 5백 년을 이어 온 조선 왕조의 모습이 맞나이까!

식민지 백성들의 조용한 분노

1910년 8월 22일. 조선 왕조의 진짜 마지막 순간이 찾아왔습니다. 조선이 일본의 완전한 식민지가 되는 순간이었지요. '한일 병합 조약'이 맺어지게 된 것입니다.

'병합'이란 '둘 이상의 무언가를 하나로 합친다'는 뜻입니다. 결국 조선과 일본을 하나의 나라로 만든다는 것이었지요. 조약은 "조선 황제는 한국 전체에 대한 권리를 일본 천황 폐하께 넘겨준다"고 선언하고 있었습니다. 조선 백성들이 들고일어날까 두려웠던 일본은 일주일 동안이나 이를 쉬쉬했습니다. 그러다가 8월 29일이 되어서야 이 사실을 세상에 알렸지요.

이처럼 엄청난 사건이 벌어졌는데도 조선은 조용했습니다. 뜻밖의 일이었지요. 을사조약이나 고종이 물러날 때는 의병들이 들고 일어나는 등 나라 전체가 시끄러웠습니다. 하지만 정작 나라를 빼앗기는 순간이 찾아왔는데도 별다른 일이 벌어지지 않은 것입니다.

무슨 이유 때문이었을까요? 을사조약과 정미조약을 거치며 이미 조선은 일본의 식민지가 되었기 때문입니다. 한일 병합 조약은 또 한 번 그 사실을 확인한 것에 불과했지요. 이미 식민지 백성이 된 사람들에게 '오늘부터 너희는 식민지 백성이야'라고 말해준다고 해서 놀랄 일이 있나요?

모든 걸 짐작하고 있던 우리 민족은 입을 꾹 다물었던 것이지요. 분하고 원통했지만 그래봤자 바뀔 게 없었으니까요. 하지만 그 침묵 속에는 나라를 빼앗아간 일본과 친일파에 대한 깊은 분노가 감춰져 있었습니다. 물론 나라를 지키지 못한 조선 왕조에 대한 원한은 말할 것도 없었고요. 오래지 않아 그 분노는 활화산처럼 터져 나오게 되었습니다.

❀ 헤이그 밀사들은 어떤 인물들이었을까?

　　헤이그 밀사 이상설은 당시 37세로 의정부 참찬이라는 벼슬을 지냈던 인물입니다. 그는 을사조약 체결 당시 고종에게 "차라리 목숨을 끊으라"는 상소를 올려 세상을 놀라게 했던 강직한 관리였습니다. 평리원 검사를 지냈던 48세의 이준 역시 마찬가지입니다. 그는 을사조약을 반대하다 갇힌 관리들의 석방을 주장했다가 오히려 70대의 곤장을 맞고 말았습니다. 이 일로 이준은 건강을 크게 해쳤지요. 결국 성치 않은 몸으로 헤이그에 간 그는 크나큰 실망감이 겹쳐 낯선 이국땅에서 눈을 감게 되었습니다. 이위종은 대한 제국 외교관의 아들로 당시 나이가 겨우 20살에 불과했습니다. 그러나 그는 외교관의 자식답게 7개 나라의 말을 유창하게 할 수 있는 언어의 천재였습니다. 이상설과 이위종은 헤이그 밀사 활동이 실패한 뒤에도 독립을 위한 활동을 멈추지 않았습니다.

● 헤이그 밀사 3인(왼쪽부터 이준, 이상설, 이위종)

❀ 대한 제국의 마지막 군인들

　　일본은 1907년 8월 1일부터 9월 3일까지 8천여 명에 이르는 대한 제국 군대를 해산시켰습니다. 물론 용맹한 우리 군인들이 일본의 명령에 호락호락 따를 리는 없었지요. 먼저 시위대 제1연대 1대대장인 박성환이 권총으로 자살하며 항의했습니다. 이를 신호탄으로 모두들 총을 들고 일본군과 치열한 시가전**도시의 거리에서 벌이는 전투**을 벌였지요. 물론 무기가 우수한 일본군을 이길 수는 없었습니다. 그러나 우리 군인들은 항복하는 대신 이곳저곳으로 흩어져 싸움을 이어갔습니다. 곳곳에서 활동하던 의병 부대에 참여하여 힘을 보탰던 것이지요. 의병 활동은 이들의 참여로 더욱 활발하게 이루어졌습니다. 또 이들 중 일부는 만주와 연해주 등으로 나가 독립군 활동을 벌이기도 했습니다.

● 의병의 모습

그때 세계는

● 청나라 멸망하고
중화민국 탄생.
손문이 총통에 취임

● 제1차 세계대전
시작됨.
이듬해 일본이
연합군으로서 참가

● 러시아 혁명 발생.
로마노프 왕조 무너짐

● 제1차 세계대전
끝남

● 중국에서 5·4운동,
인도에서 간디의
비폭력 운동 시작됨

1912년   1914년   1917년   1918년   1919년

● **1910년대** | 일제의 잔혹한 무단 통치

복종이냐 죽음이냐, 둘 중 하나를 선택하라!

야금야금 우리나라를 삼키려던 일본의 야욕이 마침내 드러났습니다.
조선의 백성들을 노예처럼 부리고, 마구잡이로 매질하는 무단 통치.
이로써 우리 땅에는 길고 긴 비극이 시작되고 마는데요……

아악, 감옥에서 이런 일이!

1911년 1월, 서울의 어느 감옥. 30대 중반의 한 남자가 복도를 걷고 있습니다. 비틀거리는 걸음걸이, 여기저기 얻어맞고 찢어진 상처, 피로 얼룩진 옷가지. 누가 봐도 잔인한 고문을 당한 게 틀림없는 모습이었습니다. 간수는 남자를 감방에 처넣었습니다. 감방 안에는 고문을 당한 채 쓰러져 있는 또 다른 젊은 남자가 있었지요.

잠시 후 놀라운 일이 벌어집니다. 30대 남자가 비틀거리며 젊은 남자에게 다가갑니다. 그리고는 마치 사랑하는 사람을 어루만지듯 젊은 남자의 얼굴을 감싸 쥡니다. 그리고는 입술을 포개고……. 아니, 감옥 안에서 이 무슨 상황이란 말인가요?

하지만 민망해 할 필요는 없습니다. 이들의 행동에는 아주 슬프고 화가 나는 사연이 있기 때문입니다. 이 30대 남자는 바로 독립운동가 백범 김구 선생이었습니다. 젊은 남자는 또 다른 독립운동가 이종록이라는 사람이었지요. 그들은 일제에 맞서 싸우다가 체포되어 감옥에 갇힌 것입니다.

고문도 고문이었지만 두 사람에게는 더 견디기 힘든 게 있었습니다. 일본 놈들이 밥이라고 내주는 게 껍질 반 모래 반에 반찬은 소금이나 쓰디 쓴 장아찌뿐! 배고픔이 진짜 고통이었던 거지요. 그래도 가족이 면회를 오는 김구 선생은 나은 편이었습니다. 날마다 음식을 먹을 수 있었기 때문입니다. 하지만 돌봐 줄 가족이 없는 이종록은 그렇지 않았지요. 결국 보다 못한 김구 선생이 면회 다녀오는 길에 밥과 반찬을 입에 물고 와 몰래 먹여 주었던 것입니다. 무슨 어미 새와 아기 새도 아니고……!

1911년 1월이면 한일 병합 때 찍은 도장이 채 마르지도 않은 시기입니다. 일본은 조선을 한 가족처럼 잘 먹고 잘 살게 해 주겠다며 큰소리를 뻥뻥 치고 있었지요. 하지만 현실은 그렇지 않았습니다. 누군가의 입에 담긴 밥을 얻어먹어야 살아남을 수 있는 나라. 조금만 일본에 쓴소리를 해도 감옥으로 끌려가 고문당하는 나라. 식민지가 된 우리 민족의 처지는 그렇게 비참했습니다.

일본의 황당한 무단 통치 방법

1910년의 한일 병합 이후 일제는 새로 조선 총독부를 만들었습니다. 이후 35년간 우리 민족을 다스린 식민지 정부였지요. 그런데 이를 이끌어 가는 조선 총독은 엄청난 힘을 자랑했습니다. 일본에 있는 천황이 "나를 대신해서 조선을 잘 다스려라"라며 특별 임무를 맡겼으니 그럴 수밖에 없었지요.

총독은 이 엄청난 힘을 가지고 조선에서 '무단 통치'를 시작했습니다. 글자 그대로 '군대나 경찰의 힘을 빌려 강제로(무단) 다스린다(통치)'는 것이었지요. 조선을 일본의 입맛대로 가장 빠르고 확실하게 뜯어고치기 위한 방법이었습니다. 또 그 과정에서 터져 나올지 모르는 조선 사람들의 항의를 철저하게 억누르겠다는 것이었습니다. 이것이 바로 무단 통치가 탄생한 이유였지요.

일제는 무단 통치를 위해 수만 명의 육군과 해군, 또 그만큼 많은 헌병 경찰을 이용했습니다. '헌병 경찰'이란 '군대 안의 일을 처리하는 경찰'을 말합니다. 그래서 보통 경찰보다 훨씬 엄하고 포악했지요. 그런 헌병이 경찰 노릇을 했다는 건 우리 민족이 당해야 할 고통이 얼마나 클 것인지를 알려 주는 것이었습니다.

실제로 헌병들은 툭하면 우리 국민들을 잡아다가 잔인하게 매질을 했습니다. 그 이유도 정말 황당했습니다. 술 한잔 마시고 흥에 겨워 노래를 불렀다고, 더워서 웃통을 벗고 일했다고, 욕 한번 잘못했다고 끌려가서는 죽도록 매를 맞았기 때문입니다. 이런 매질을 당하면 혼자서는 걸어 나올 수 없고, 죽으면 그날 밤 시체는 행방불명되었다고 하지요. 이 잔인한 형벌은 1917년 한 해 동안에만 4만 명의 조선인에게 내려졌습니다. 정말 악랄한 짓이었지요.

심지어 학교에서도 황당한 일은 계속됐습니다. 이 무렵의 일본 교사들은 군복 같은 옷을 입고 칼을 차고 다녔습니다. 한번 상상해 보세요. 여러분의 선생님이 툭하면 "바가야로(바보 자식), 바가야로(바보 자식)!"라고 욕하면서 금방이라도 칼을 빼들 듯이 위협한다면? 그런 학교는 절대 다니고 싶지 않을 겁니다. 하지만 무단 통치 아래서는 흔하디 흔한 학교의 풍경일 뿐이었지요.

이 모든 것은 우리 민족에게 '노예 민족'이라는 부끄러움을 심어 주려는

것이기도 했습니다. 노예는 감히 주인에게 대들어서는 안 된다는 것을 가르친 것이지요. 제1대 총독으로 무단 통치를 이끌던 데라우치 마사타케는 이렇게 으르렁거렸습니다.

"조선인들은 우리의 명령에 복종하든지 죽음을 각오하든지 둘 중 하나를 선택하라!"

여러분은 앨리스가 토끼를 따라 찾아간 이상한 나라를 알고 있을 것입니다. 그런데 그 무렵 조선도 이상한 나라였습니다. 동료의 입에 담긴 음식을 받아먹어야 살 수 있는 나라, 노래 한 곡 마음 놓고 부를 수 없는 나라, 선생님의 허리춤에 찬 칼이 내 머리 위로 떨어지진 않을까 걱정해야 하는 나라……. 그것은 오직 일본만을 위한 이상한 나라였습니다.

❀ 왜 일본을 일제라 부르는 것일까?

일제란 '일본 제국주의'라는 낱말의 줄임말입니다. 제국주의란 다른 나라를 식민지로 삼아서 자기 나라를 부강하게 만들려는 생각이나 행동을 말하지요. 제국주의는 오랜 옛날부터 있었지만 19세기에는 더욱 활발해졌습니다. 강한 힘을 가진 서양 국가들이 전 세계 곳곳에 식민지를 만들었기 때문입니다. 일본 역시 19세기 말부터 서양 국가들을 흉내 내 제국주의 국가가 되었습니다. 그래서 이 무렵의 일본을 과거의 일본과 구별하여 일제라는 이름으로 부르고 있습니다.

❀ 조선 총독들은 어떤 자들이었을까?

우리나라를 통치했던 조선 총독은 총 아홉 차례에 걸쳐 임명되었습니다. 이 중 두 차례 조선 총독을 지냈던 사이토 마코토를 포함하여 모두 여덟 명이 정식 총독으로 일했지요. 우리나라를 다스린 총독의 이름은 다음과 같습니다.

※ 제1대 : 데라우치 마사타케(1910년~1916년)
※ 제2대 : 하세가와 요시미치(1916년~1919년)
※ 제3대 : 사이토 마코토(1919년~1927년)
※ 제4대 : 야마나시 한조(1927년~1929년)
※ 제5대 : 사이토 마코토(1929년~1931년)
※ 제6대 : 우가키 가즈시게(1931년~1936년)
※ 제7대 : 미나미 지로(1936년~1942년)
※ 제8대 : 고이소 구니아키(1942년~1944년)
※ 제9대 : 아베 노부유키(1944년~1945년)

● 제1대 조선 총독 데라우치 마사타케

그때 세계는

● 중국 공산당
  탄생

● 소비에트 사회주의 공화국 연방
  (소련) 탄생

● 몽골,
  중국으로부터 독립

● 중국의 장개석,
  남경에서
  국민 정부 수립

● 인도의 네루,
  인도 독립 연맹 결성

1921년   1922년   1924년   1927년   1928년

● 1910년대~1920년대 | 일제의 경제 침략

으아악, 조선 땅이 사라진다!

동물들의 세계에서는 종종 영역 다툼이 일어나지요. 그런데 일본 역시 마찬가지였습니다.
말도 안 되는 구실로 조선의 땅을 빼앗기 시작한 것입니다.
그 방법은 대체 무엇이었을까요?

총독부 말뚝의 정체는?

"여류니, 색시니 하면 누구든지 얼굴 곱고 자태 있는 미인으로 생각하겠지만 웬걸요. 이 색시는 이름만 여자이지 남자 중에도 그런 사람은 없을 만큼 뚜벅뚜벅하게 태어나신 이랍니다. 다리와 팔뚝은 굵고 딴딴하기가 '총독부 말뚝' 같고요. 실례의 말씀이지만 한창 발달된 궁둥이는 살찐 말 궁둥이 같이 탐스럽습니다."

어린이날을 만든 동화 작가 소파 방정환 선생님의 작품에 나오는 구절입니다. 『여류 운동가 까마중 스타』라는 작품이지요. 눈앞에 까마중 스타의 생생한 모습이 그려지는 듯하지 않나요? 그런데 이 구절을 읽다보면 한 가지 궁금증이 생깁니다. '총독부 말뚝.' 대체 이 말뚝은 어떤 말뚝이기에 저런 이름이 붙은 것일까 하는 궁금증이지요. 혹시 총독부에서 말뚝박기 놀이할 때 쓰던 물건 아니냐고요?

"여기가 네 땅이라는 증거를 대라"

조선을 집어삼킨 일제가 맨 처음 한 일은 경제 침략이었습니다. 그 중에서도 조선 사람들의 땅을 빼앗아 일본 것으로 만드는 일이었지요. 조선에서 가장 값나가는 자원부터 빼앗자는 속셈이었던 것입니다. 병합이 이루어지자마자 일제가 '토지 조사 사업'을 실시한 것도 바로 그 때문이었습니다. 겉으로는 '누가 얼마나 많은 땅을 가지고 있는지 정확하게 조사하겠다'는 것이었지만 이것은 핑계일 뿐이었습니다. 땅을 조사한다는 구실로 주인이 없거나 분명치 않은 땅을 모조리 빼앗겠다는 것이었으니까요.

일제가 이런 계획을 세운 데에는 조선의 상황에도 원인이 있었습니다. 조선 사람들은 문서를 통해 주인을 밝히고, 땅을 사고파는 일을 일본만큼 철저히 할 필요가 없었던 것이지요. 그저 '저기 성황당 뒤편의 소나무밭에서 너럭바위 개울까지는 김진사네 땅'이라고만 해도 모두가 고개를 끄덕였으니까요. 그러니 주인이 누군지 정확하지 않은 땅이 많을 수밖에 없습니다. 게다가 왕족이나 양반들이 세금을 피하기 위해 감춰 놓은 땅도 많았지요. 주인이면서도 신고를 하지 않거나 다른 사람 이름으로 되어 있는 경우입니다. 이런 곳은 "여기가 네 땅이라는 증거를 대라"고 하면 꿀 먹은 벙어리가 될 수밖에 없는 땅들이었습니다.

이런 곳들은 모두 일제의 좋은 먹잇감이 되었습니다. 실제로 이런 땅은 대부분 일제에게 넘어가 버리고 말았지요. 그렇게 뺏긴 땅이 무려 조선 전체 땅의 절반이 넘었습니다. 하루아침에 조선 땅의 주인이 송두리째 바뀐 것과 다름없었습니다.

일제는 빼앗은 땅을 헐값에 자기 나라 국민들에게 넘겼습니다. 그래서 일본에서는 "조선에 가서 땅 부자가 되자!", "우리도 조선에 가서 떵떵거리며 살아 보자!"는 말이 유행이 될 정도였습니다. 일본 사람들이 조선으로 쏟아져 들어온 건 당연했습니다.

하지만 우리 민족에게는 정반대의 일이 일어났습니다. 일본인들이 마구 들어오면서 땅으로부터 쫓겨나는 농민들이 우르르 쏟아져 나온 것입니다. 하루아침에 땅을 빼앗기고 이제 농사지을 길도 막막해진 사람들이었지요. 결국 이들은 도시로 나가 비참하게 살거나 만주, 연해주, 하와이 등 외국으로 이민을 떠나야 했습니다. 살기 위해서 어쩔 수 없는 선택이었지요. 이렇게 떠난 사람이 1911년~1920년 사이에만 무

● 조선 총독부 건물

려 40만 명이 넘었습니다.

  총독부 말뚝은 바로 이 토지 조사 사업에 쓰이던 물건이었습니다. 조사를 하면서 땅의 경계를 표시하기 위해 여기 쾅, 저기 쾅 박아 대던 물건이었던 것이지요. 어디든 꽂히기만 하면 단군 할아버지 때부터의 우리 땅을 일본 사람 것으로 바꾸는 도깨비방망이. 그러나 우리 민족에게는 평화로운 삶을 빼앗아 가는 원한 서린 물건이었습니다.

흙으로 빚은 떡까지 먹었다고?

  토지 조사 사업이 끝난 뒤에도 일제의 경제 침략은 계속되었습니다. 1920년대가 되자 이제는 땅에서 생산된 쌀과 곡식을 마구 실어갔던 것입니다. 이 역시 일본에서 모자라는 식량을 조선에서 빼앗은 곡식으로 채우려는 것이었지요.

생산된 곡식만으로도 부족한데 빼앗기는 것은 많아졌으니 이제 조선 사람들은 큰일이 났습니다. 눈뜨고는 못 볼 비참한 광경이 나타나게 되었던 것이지요. 고구마, 감자는 물론이고 풀뿌리, 나무껍질로 끼니를 때우는 사람들이 여기저기서 늘어났습니다. 그중에는 너무 배가 고파 흙으로 빚은 떡까지 먹는 경우도 있었다고 합니다. 그것으로라도 허기를 채우지 않으면 배고픔을 견딜 수 없었기 때문이지요.

이런 비참한 광경은 일제 시대 내내 계속되었습니다. 이 모든 것이 일제의 혹독한 경제 침략 때문이었지요. 어리석게 나라를 빼앗긴 대가는 바로 그와 같았습니다.

❀ 회사 하나 잘못 세우면 5년 동안 감옥살이?

일제의 수탈**재물 따위를 강제로 빼앗는 일**은 그 밖의 산업에서도 이루어졌습니다. 예를 들어 일제 시대에는 회사 하나 세우는 일조차 마음대로 할 수 없었지요. 만약 총독부의 허가 없이 회사를 세우면 최고 5년의 감옥살이를 해야 했습니다. 일본의 기업을 위해 조선 사람이 회사 세우는 일을 가로막으려 했던 것이었지요. 이렇게 하여 1919년까지 조선인 회사는 겨우 63개만이 허가를 받았습니다. 또 조선운수회사, 조선우피(소가죽)주식회사 등 이익을 남기고 있던 기업들도 강제로 문을 닫고 말았습니다.

❀ 조선의 민둥산이 바로 우리 때문이라고?

일제는 조선으로부터 막대한 자원을 훔쳐갔습니다. 인삼, 담배, 소금, 철도, 교통, 통신, 항만, 광산 등 거의 모든 분야에서 수탈이 이루어졌습니다. 또 조선의 황금 어장은 일본 배에 의해 점령당하고 조선의 산도 그들의 손아귀에 들어갔지요. 그 결과 조선의 산은 몇 년 지나지 않아 보기 흉한 민둥산이 되었습니다. 나무를 마구 베어서 일본으로 실어 날랐기 때문입니다. 그런데 일본은 조선에서 민둥산이 늘어난 이유를 온돌 때문이라고 주장했습니다. 땔감을 구하느라 조선 사람들이 나무를 함부로 베어서 그런 것이니 일본 탓 하지 말라는 이야기였지요. 아니, 그럼 일제 시대 이전 우리 민족은 도시 가스로 난방을 했나요? 그땐 왜 숲이 울창했을까요?

1910년~1945년 | 일제 시대를 살아가는 우리 민족의 비참한 생활

식민지 조선의 서울, 석기 시대로 되돌아가다

일본에 빼앗긴 땅을 뒤로 한 채 농민들은 마지막 희망으로
도시로 몰렸습니다. 하지만 그곳에서도 굶주림은 계속되었습니다.
아참, 일본인과 친일파가 있었죠. 그들만이 떵떵거리고 살았습니다.

신당리에서 생긴 일

1933년 여름, 고양군 신당리(지금의 서울 중구 신당동 지역). 이곳에서는 이른 아침부터 시끌벅적한 사건이 벌어지고 있었습니다. 험상궂은 인부들이 몰려들어 집들을 때려 부수고 있었던 것입니다.

곤히 잠들어 있던 주민들이 집 밖으로 뛰쳐나왔습니다. 그들은 애타는 목소리로 인부들에게 부탁했지요. 제발 집을 부수지 말아 달라고요. 하지만 소용없었습니다. 인부들은 들은 체 만 체 우악스런 손길로 때려 부수기 바빴으니까요. 어른들은 통곡을 하고 코흘리개 아이들도 울부짖었습니다.

"이 어린 것들은 당장 오늘밤에 어디에서 자란 말입니까! 아무리 힘없고 가난한 사람들이지만 도대체 이런 법이 어디 있습니까!"

누군가 피 끓는 목소리로 외쳤지만, 한번 무너진 집이 다시 세워질 리도 없었습니다. 그렇게 신당리에 살던 5천여 명의 주민들이 한순간에 보금자리를 잃고 말았습니다. 일제가 도시의 모습을 해친다며 힘겹게 마련한 삶의 터전을 빼앗아 간 것이었지요. 이것이 그 무렵 일어난 '신당리 사건'입니다. 비참한 우리 민족의 현실이 다시 한 번 드러난 것이지요.

하루 한 끼만 먹는 사람이 서울에만 10만 명

일제는 조선을 지배하기 시작하면서 전국 곳곳에 도시를 만들고 발전시켰습니다. 그러나 이 도시들은 대부분 자신들의 필요에 따라 만들어졌지요. 일본을 위한 공장이 들어선 곳, 일본군이 머무는 곳, 쌀과 면화를 일본으로 실어 가는 항구, 교통의 중심지와 일본인이 많이 사는 곳……. 흥남(함경남도)과 남포(평안남도)를 비롯하여 인천, 부산, 마산, 군산, 대전, 성진과 나진(함경북도) 등이 대표적이었지요. 물론 조선 시대부터 수도 역할을 해

온 서울도 더욱 큰 도시로 발전해 나갔습니다.

그런데 이처럼 도시가 발달하자 한 가지 문제가 생겼습니다. 일제의 경제 침략으로 먹고 살 길이 막막해진 농민들이 도시로 몰려들기 시작한 것입니다. 그래도 도시에서는 입에 풀칠이라도 할 수 있지 않을까 생각하고서 말입니다.

하지만 도시에 이들을 위해 마련된 일자리는 없었습니다. 돈도 없고 기술도 없고, 오직 농사일밖에 모르는 이들이 할 수 있는 일은 별로 없었으니까요. 그래서 대부분의 사람들은 날품팔이가 되거나 그것도 안 되면 도시를 떠돌며 구걸을 해야 했지요. 이렇듯 하루하루 굶주림에 시달리며 살아가는 사람들은 얼마나 되었을까요? 어느 조사에 따르면, 서울에서 하루 한 끼만 먹고 사는 사람이 무려 10만 명이나 되었다고 합니다. 이것은 서울에 살던 사람 10명 중 4~5명이 그렇게 살았다는 걸 알려 주는 엄청난 결과였지요.

먹는 건 물론 발 뻗고 누울 자리조차 없는 사람도 많았습니다. 번듯한 집을 구할 수 없었던 이들은 도시의 변두리로 나갈 수밖에 없었지요. 그곳에서 집 같지도 않은 집을 지어 놓고 간신히 몸을 눕혔습니다. 이렇게 사는 사람들도 엄청난 숫자였습니다. 이들의 생활은 인간의 삶이라고 부르기조차 힘든 것이었지요.

으리으리한 저택에서 배부른 자는 친일파뿐!

물론 도시의 모든 사람들이 그렇게 사는 건 아니었습니다. 화려하고 번듯하게 살아가는 사람들도 있었으니까요. 조선에 와서 떵떵거리던 일본인들, 그리고 그들을 도운 대가로 재물을 얻은 친일파들이 그들이었습니다.

이들은 도시 중심가에 으리으리한 저택을 지어 놓고 살았습니다. 집안에 화장실과 욕실, 주방이 설치된 서양식 주택이었지요. 또 집안 허드렛일은 모두 '조선 어멈'이라 불리는 하녀들이 해 주었습니다. 집 바깥으로 나가도 마찬가지였습니다. 도시의 고층 빌딩에는 엘리베이터를 타고 들어가는 이들의 직장이 있었습니다. 낮에는 으리으리한 백화점에서 쇼핑을 하고, 밤에는 네온사인이 휘황찬란하게 빛나는 요릿집에서 늦도록 흥청망청 거릴 수도 있었지요. 그 무렵 세계 최강대국 중 하나인 일본의 문화를 고스란히 들여온 것입니다. 하지만 도시의 중심가를 조금만 벗어나도 전혀 다른 모습이 나타났습니다. 가난과 죽음의 그림자가 짙게 깔린 비참한 풍경이 시작되는 것이지요.

토막. 신당리 주민과 같은 가난한 사람들이 살던 집은 그런 이름으로 불렸습니다. 적당한 땅을 구해 흙바닥을 고르고 나무 등을 이용해 기둥을 박은 집이었지요. 그리고는 가마니나 거적을 구해 지붕 겸 벽으로 둘러치는 것입니다. 식구들 모두가 그 안에서 밥을 먹고 잠을 잤지요. 어라, 그런데 이거 어디선가 많이 본 모습 아닌가요?

우리가 지나왔던 역사의 시간을 거슬러 올라가면 맨 처음 만나는 시대. 그렇습니다. 바로 신석기 시대 원시인들이 짓고 살았던 움집의 형태와 똑같았던 것이지요. 식민지 조선에서는 그렇듯 20세기의 화려함과 석기 시대의 비참함이 겹쳐 흐르고 있었습니다.

◉ "조선인의 서울인가, 일본인의 서울인가?"

조선에는 미쓰코시, 미나카이 등 일본인이 세운 백화점이 1920년대부터 모습을 드러냈습니다. 1930년대에는 조선 사람이 세운 동아, 화신 백화점도 운영되기 시작했지요. 그러나 이런 백화점에서 물건을 살 수 있는 건 주로 일본인들과 돈 많은 친일파들이었습니다. 그 무렵 한글 신문인 《동아일보》는 이렇게 말했습니다.

"조선인의 서울인가 일본인의 서울인가. 이런 백화점을 만드는 데 들어가는 돈은 조선 사람이 대고 이용은 일본인이 한다. 조선 사람아, 우리가 주인이 되자! 그렇지 못하면 차라리 이것을 깨뜨려 버리자."

우리 민족의 피땀으로 근대 문명을 세우고도 그 열매는 일본 사람이 따 가는 현실을 비판한 것입니다.

● **일제 시대 서울에 있던 미쓰코시 백화점**
우리나라 최초의 백화점으로 일본인이 지점을 열고 운영했다.

❀ 일제 강점기 못된 보이와 못된 걸

　일제 시대에 우리 국민들의 생활은 크게 바뀔 수밖에 없었습니다. 이를 잘 드러내는 것 중 하나가 바로 '못된 보이', '못된 걸'의 등장이었지요. 이 말들은 영어의 '모던 보이(현대적인 남자)', '모던 걸(현대적인 여자)'에서 따온 것이었지요. 이들은 신식 옷을 입고 하이힐을 신는가 하면, 머리에도 파마를 하는 등 최신 유행을 따랐습니다. 또 이들은 연애도 자유롭게 했지요. 이런 행동은 조선의 전통을 버리지 못한 대부분의 사람들에게 '엉덩이에 뿔난 짓', '나라 망할 짓'으로 받아들여졌다고 합니다. 못된 보이, 못된 걸은 그래서 붙여진 이름이었지요. 하지만 이런 모습과 달리 조선 젊은이들의 삶은 비참했습니다. 그 무렵 조선의 젊은이들 사이에서 마약 중독과 자살이 크게 늘었다는 사실은 그것을 잘 드러내고 있지요.

그때
세계는

● 인도, 영국에 저항하는
비폭력 불복종 운동 시작

● 일본,
만주 침략

● 중국의 장개석,
공산당 토벌 시작

● 중일 전쟁 시작.
일본군에 의한
남경 대학살 발생

1930년　　1931년　　1934년　　1937년

◯ 1931년~1945년 | 일제의 전쟁에 내몰린 우리 민족

꽃다운 소녀들이 잠든 소녀상의 비밀은?

식민지 조선이 빼앗긴 것은 땅이나 곡식만이 아니었어요.
한창 배울 나이인 어린 학생들이 전쟁터에 끌려가는가 하면
꽃다운 소녀들이 돌이킬 수 없는 길로 가고 말았지요.

1천 회를 맞은 수요 집회

이날 수요 집회에 참석한 경기도 김포 초등학교의 유동아(11) 군은 "돌아가신 할머니 생각이 나요. 날씨가 추운데 발이 따뜻하라고 수면 양말을 신기고 싶어요"라고 말했다.

소녀상은 이미 '겨울옷' 차림이었다. 누군가 손수 뜬 것이 분명한 털모자와 털목도리를 둘렀고, 무릎에는 담요를 덮고 있었다. 맨발에는 양말도 신었다. (……) 시민들은 철마다 소녀상에 다른 옷을 입혀 왔다. 지난해 12월 14일 수요 집회 1000회를 기념해 소녀상이 제막된 날부터 시민들은 소녀상의 휑한 발목을 담요로 감쌌다. 설날에는 소녀상도 한복을 입고 조바위를 썼다. 장마철에는 비옷을 입었고, 경비를 서던 경찰관이 우산을 씌워 주기도 했다. 일제로부터 위안부 할머니들을 지키지 못한 것을 사죄라도 하듯 시민들은 험한 날씨로부터 소녀상을 지키기 위해 힘을 보탰다.

2012년 어느 신문에 실린 기사 내용입니다. 이미 아는 친구도 있을 테고, 모르는 친구도 있을 것입니다. 소녀상? 위안부 할머니? 수요 집회?

대체 어떤 사연이 있었기에 소녀상은 이토록 애틋한 사랑을 받고 있는 것일까요? 지금 우리가 배우고 있는 일제 시대와 소녀상 사이에 숨겨진 비밀이 궁금하지 않나요?

일제는 거대한 흡혈 진드기였다

1910년 조선을 식민지로 만든 일제. 그러나 이들의 욕심은 그칠 줄 몰랐습니다. 이제는 조선을 넘어 더욱 넓은 땅을 향해 손길을 뻗친 것이지요. 1931년부터 중국 침략을 시작한 것입니다. 이뿐만이 아닙니다. 1942년부터는 아시아의 주인 자리를 놓고 미국, 영국 등과 치열하게 전쟁을 벌였지요. 역사에서는 이것을 '태평양 전쟁'이라 부르고 있습니다.

이 전쟁에 따라 조선은 더욱 캄캄한 지옥으로 변하고 말았습니다. 일제가 전쟁을 위해 조선의 모든 것을 탈탈 털어 갔기 때문이지요. 곡식, 가축, 공장에서 만든 물건, 자연에서 나는 수많은 자원들……. 이 모든 것들을 '전쟁 물자'라는 이름으로 빼앗아 갔던 것입니다. 이제까지 일제가 벌인 수탈은 아이 장난처럼 느껴질 정도였지요.

어느 역사가의 연구에 따르면 전쟁 기간 동안 일제가 수탈한 우리의 자원은 쌀 5천만 석, 잡곡 700만 석이 넘는다고 합니다. 또 1,800만 톤의 철과 68만 톤의 마그네사이트, 3천만 세제곱미터의 나무, 1,400만 톤의 수산 자원……. 일일이 말하기에도 벅찰 정도이지요.

이런 상황에서 우리 민족은 생명의 위협을 느껴야만 했습니다. 애써 농사지은 곡식은 일제에게 다 뺏기고 콩깻묵 같은 쓰레기를 먹고 살 정도였지요. 콩깻묵이란 콩에서 기름을 빼고 남은 찌꺼기입니다. 퇴비나 가축 여물에나 섞어 주던 쓰레기였지요.

우스운 사실은 이런 콩깻묵조차 마음 놓고 먹을 수 없었다는 것입니다. 무기를 만들 재료가 부족하다며 조선 안의 쇠붙이란 쇠붙이는 모두 쓸어가 버렸기 때문이지요. 학교나, 절, 교회에서 쓰던 종은 물론 집에 있는 숟가락, 젓가락까지 모든 걸 가져간 것입니다. 이 때문에 몰래 숨겨 둔 숟가락 하나로 한 가족이 '사이좋게' 음식을 퍼먹는 웃지 못할 일까지 생길 정도였습니다. 이 무렵에는 '학교 종이 땡땡땡' 같은 노래는 만들어지지도, 불려 지지도 않았을 것입니다. 무슨 종이 있어야 치든지 말든지 하지요. 전쟁 기간 동안 일제는 우리 민족의 마지막 피 한 방울까지 모두 빨아먹던 거대한 흡혈 진드기와 같았습니다.

이제는 할머니가 된 소녀들

하지만 가장 큰 비극은 따로 있었습니다. 바로 일제가 소중한 조선 사람의 목숨을 전쟁에 이용했다는 사실이었지요.

역사가들은 일제 시대 때 목숨을 잃은 우리 민족이 약 300만~450만 명에 이른다고 보고 있습니다. 하루 200명~300명이 죽어 나간 꼴이지요. 그런데 이들 중 대부분이 일제가 벌인 전쟁 기간 동안 희생된 사람들이었다고 합니다. 정말 분통터지는 일이 아닐 수 없습니다.

일제는 싸울 군인이 부족하다며 우리 젊은이들, 심지어 어린 학생들까지 '징병강제로 군대로 끌고 감'이니, '학도병학생으로 군대에 들어간 병사'이니 하면서 마구 끌고 갔습니다. 또 일손이 부족하다며 수백만 명이나 되는 사람들을 중국과 아시아의 탄광과 공장으로 끌고 가기도 했지요. 이렇게 끌려간 사람들 중 수십만 명은 다시는 고향에 돌아오지 못했지요. 말 그대로 이 무렵 조선 사람의 목숨은 파리 목숨일 뿐이었습니다.

소녀상의 비밀이 생긴 것도 바로 그 때문이었지요. '위안부누군가를 위로해 주는 여성'라는 그럴듯한 이름으로 일제가 우리의 꽃다운 처녀들을 끌고 간 것입니다. '군인들의 심부름만 해 주면 된다', '공장에 취직시켜 돈을 벌게 해 주겠다'고 거짓말을 하면서 말이지요. 하지만 이들은 끌고 간 우리 처녀들을 일본 군대를 위한 '성 노예'로 부려먹었습니다.

이렇게 끌려간 처녀들은 무려 7만여 명. 그 가운데 대부분은 전쟁통에 죽고 말았지요. 살아남은 사람도 죽지 못해 살기는 마찬가지였습니다. 수치스런 과거를 숨기기 위해 고향을 떠나고, 이름을 숨기고, 결혼도 못한 채 살았던 사람이 대부분이었으니까요.

'위안부 할머니'란 바로 그런 과거를 지닌 분들을 말하는 것입니다. 일제의 전쟁 범죄에 희생됐지만 숨어 살아왔던 할머니들, 그러나 죽기 전에 그

날의 진실을 세상에 알리겠다며 용감하게 나선 분들을 가리키는 것이었지요. '수요 집회'란 위안부 할머님들이 일본 대사관 앞에서 일본 정부의 사과를 요구하며 벌인 모임을 말하는 것이었고요.

물론 뻔뻔한 일본 정부는 사과 따위는 하지 않았습니다. 그래서 수요 집회는 비가 오나 눈이 오나 열릴 수밖에 없었습니다. 그렇듯 집회가 1천 회를 맞이했을 때, 사람들은 이 모든 기억들을 잊지 않기 위해 소녀상을 세우게 되었던 것이지요. 가녀리고 청초하여 우리 민족의 순결함을 드러내는 소녀상. 우리 민족이 스스로 강해지지 못해서 불러들인 치욕을 잊지 않기 위해서 말입니다. 그 시절 조선의 꽃다움을 지키지 못했으니 이제라도 춥지 않게, 외롭지 않게 지켜 주자는 것일까요?

● **소녀상**
위안부 할머니들의 수요 집회 1천 회를 맞아 일본 정부에 공식 사죄와 배상을 촉구하기 위해 주한 일본대사관 앞에 세웠다.

"지켜 주지 못해 미안해요, 위안부 할머님들!"

험난했던 20세기의 식민지 시절을 살았던 소녀. 그를 향해 21세기의 소녀가 눈물 글썽이는 모습이 떠오르는 듯하네요.

✿ 태평양 전쟁이란 어떤 전쟁이었을까?

1939년부터 세계는 '제2차 세계대전(1939년~1945년)'이라는 큰 전쟁에 휩쓸렸지요. 제1차 세계대전(1914년~1918년)에 이어 또 다시 식민지를 둘러싸고 강대국 사이에 전쟁이 일어난 것입니다. 세계 열강들은 이때 두 편으로 나뉘어 6년 동안이나 치열한 전쟁을 벌였습니다. 미국, 영국, 중국, 소련(지금의 러시아) 등이 한 편이 되고, 독일, 이탈리아, 일본 등이 또 다른 한 편이 되었지요. 태평양 전쟁이란 쉽게 말해 아시아에서 벌어진 세계 전쟁의 일부분을 가리키는 것입니다. 일본이 벌인 전쟁의 무대가 태평양 연안의 바다와 섬들, 그리고 나라들이었기 때문에 그런 이름이 붙었지요. 태평양 전쟁을 비롯한 제2차 세계대전은 독일, 이탈리아, 일본의 패배로 끝났습니다.

✿ 일제의 전쟁을 도운 조선인이 있었다?

어물전 망신은 꼴뚜기가 다 시키듯, 전쟁 기간 동안에도 친일파들은 날뛰고 있었습니다. 이들은 돈을 모아 무기를 사다 바치는가 하면, 젊은이들더러 학도병에 지원하라고 악을 쓰기도 했지요. 아래 나온 것은 우리나라의 대표적인 어느 시인이 일제를 위해 썼던 시입니다. 우리나라를 대표한다기에는 정말이지 부끄러운 모습이지요.

마쓰이 히데오!
그대는 우리의 자랑
그대는 조선 경기도 개성 사람
인씨의 둘째 아들 스물한 살 먹은 사내

우리의 동포들이 밤과 낮으로
정성껏 만들어 보낸 비행기 한 채에
그대, 몸을 실어 날았다간 내리는 곳
조각조각 부서지는 산더미 같은 미국 군함!

어린이를 위한 하룻밤에 읽는 한국사

3

독립을 향한 함성 소리,
삼천리에 울려 퍼지다

	청일 전쟁	그리스 아테네에서 제1회 올림픽 대회 열림	미국, 영국 등 8개국 연합군, 베이징 점령	러일 전쟁	청나라와 일본, 간도 협약 체결
	1894년	1896년	1900년	1904년	1909년

1895년~1910년 | 일제에 저항한 의병들의 투쟁

지도에서 사라진 도시들, 도대체 무슨 일일까?

일본의 만행을 그냥 지켜볼 수 없었던 이들이 움직이기 시작했습니다.
나이와 신분을 막론하고, 전국에서 의병이 떨치고 일어난 것이지요.
이에 일본은 의병들을 색출하고자 조선 땅을 온통 폐허로 만드는데요……

영국의 기자가 본 참혹한 풍경

1907년 초가을, 충청북도 제천. 얼마 전까지만 해도 아름답고 고즈넉한 풍경을 자랑하던 제천에 놀라운 광경이 펼쳐져 있었습니다. 마치 악마의 손길이 휩쓸고 간 듯 모든 것이 폐허로 바뀌어 있었던 것이지요. 제대로 서 있는 벽 하나, 기둥 하나, 심지어 멀쩡한 된장독 하나 남아 있지 않았습니다. 사람은 말할 것도 없고요. 개미 새끼 한 마리 지나가지 않는 유령의 마을이 되어 있었습니다.

영국 신문 《데일리 메일》의 기자 F. A. 매켄지는 그런 풍경 앞에서 입을 다물지 못하고 있었습니다. 그는 불과 한 달 전 이곳을 찾은 적이 있었습니다. 인구 2천~3천 명의 도시 제천. 그 아름답던 도시가 세상에서 사라져버렸던 것입니다.

"제천이 지도 위에서 지워져 버렸다!"

매켄지는 깊게 탄식했습니다. 하지만 제천만이 아니었습니다. 그가 서울을 떠나 경기도 이천을 거쳐 충청도까지 오는 동안 거의 모든 마을들이 비슷한 모습을 하고 있었으니까요.

하나같이 폐허가 되어 인적이 끊겨 버린 마을들. 만화 영화에 나오는 얼음 대마왕의 손길이라도 스친 걸까요? 대체 평화롭던 조선의 마을들은 왜 이 꼴이 된 것일까요?

의병 투쟁의 확산, 조선 전체가 들고 일어서다!

얼음 대마왕의 정체는 바로 일본군이었습니다. 의병들을 쫓던 일본군이 그들을 도왔다며 아무 죄 없는 마을들까지 쑥대밭으로 만든 것이지요.

의병! 여러분도 이 익숙한 이름을 기억하고 있겠지요? 외적의 침입이 있을 때마다 일반 백성들이 목숨을 바쳐 나라를 구했던 자랑스러운 전통. 그 전통은 우리 민족이 맞이한 최대의 위기 앞에서도 어김없이 나타나고 있었습니다.

이미 의병들은 1895년 민비의 죽음과 단발령에 항의하여 일어났습니다. 1905년에도 을사조약에 반대하여 의병이 들고일어났지요. 그리고 매켄지가 제천을 찾은 1907년에도 마찬가지였습니다. 고종이 쫓겨나고 정미 7조약이 맺어지자 의병들은 다시 한 번 손에 무기를 들고 일어섰던 것입니다.

특히 1907년의 의병 활동은 해산당한 대한 제국 군인들이 참여하여 더욱 강력해졌습니다. 이처럼 의병의 힘이 강해지자 용기를 얻은 일반 국민들의 참여도 더욱 늘어났지요. 그 무렵 의병이 일어난 곳은 전국에 있던 340개의 군 전체였습니다. 조선 전체가 일본과의 싸움에 나섰다고 해도 지나친 말이 아니었지요.

위기감을 느낀 일제는 의병들을 꺾기 위해 갖은 노력을 다했습니다.

"모조리 빼앗고, 모조리 불사르고, 모조리 죽인다."

일제가 의병 투쟁을 꺾기 위해 세웠던 계획은 바로 그것이었습니다. 의병뿐만 아니라 그들을 돕는 모든 마을들을 불태우고 사람들을 죽이겠다는 것이었지요. 자신들에게 맞설 생각은 꿈에서조차 품지 못하게 만들겠다는 속셈이었습니다. 제천을 비롯한 마을들이 폐허로 변한 건 바로 그 때문이었지요.

녹슨 총을 들고 자유를 위해 싸우다!

의병들은 그럴수록 더욱 큰 분노 속에서 싸워 나갔습니다. 이전까지의 의병들이 양반 중심으로 일어났다면, 이제는 평민과 노비 출신들까지 앞으로 나섰지요. 의병들의 출신 신분과 직업이 더욱 다양해졌고 이들 가운데서 의병장이 등장하기도 했습니다. 신돌석과 홍범도, 안규홍 등은 대표적인 평민, 노비 출신 의병장이었습니다. 전국에 있는 251명의 의병장 중에 평민 출신이 191명이나 됐으니 얼마나 큰 변화가 있었는지 알 수 있지요. 의병들은 이처럼 능력 있는 의병장들을 중심으로 똘똘 뭉쳐 용감하게 싸워 나갔습니다.

하지만 의병들의 미래는 밝지 않았습니다. 의병들을 찾아 나섰던 매켄지는 그들의 총을 보고 이렇게 혀를 찼습니다.

"이건 총이 아니라, 서양에서 아버지들이 열 살 난 아들에게 선물해 주는 장난감 같다."

그마저 녹슬고 썩은 것이 대부분이었으니 일본군과 맞서 싸운다는 게 오히려 기적이었지요. 전쟁은 뜨거운 마음만 갖고 치를 수 있는 것은 아니었

습니다. 그러니 의병의 패배는 누구나 쉽게 예상할 수 있는 것이었습니다.

하지만 나라를 위해 싸우려는 의병들의 마음은 그 누구도 꺾을 수 없었습니다. 매켄지와 인터뷰했던 한 젊은 의병은 이렇게 말했지요.

"우리는 어차피 죽게 될 겁니다. 그러나 좋습니다. 일본의 노예가 되어 사느니 자유로운 사람으로 살다가 죽는 편이 훨씬 좋습니다."

자유로운 조국과 자유로운 삶에 대한 꿈! 온갖 고난 속에서도 의병들을 앞으로 나아가게 한 건 바로 그것이었습니다. 매켄지의 예상처럼 의병 투쟁은 수만 명의 희생자를 낸 채 비극적인 패배로 끝나고 말았지요. 하지만 이들의 정신은 살아남아 뒤이어 벌어진 독립운동에 큰 영향을 끼쳤습니다. 흩어진 의병들은 그 뒤로도 만주와 연해주의 독립군, 또 국내에 남아 독립운동을 계속해 나갔으니까요. 죽더라도 무릎 꿇지 않겠다는 의병 정신이 이어지지 않았다면 그토록 힘겨운 독립운동은 가능하지 않았을지도 모릅니다.

하룻밤
마무리

✸ 일본군과 싸운 의병들의 희생은 어느 정도였을까?

1907년~1910년 사이 일본군과의 전투에 나섰던 의병은 약 15만 명가량 된다고 합니다. 이 중 1만 6,700명이 죽고 부상당한 사람은 3만 6,770명이나 되었지요. 이에 비해 일본군은 겨우 130명이 죽고 270명 정도가 부상을 입었을 뿐입니다. 그만큼 무기와 훈련의 차이가 컸지요. 이밖에도 의병과는 관계가 없던 일반 국민들 중에서도 1,200여 명가량이 희생됐고 불타거나 파괴된 집은 6만 8천여 채나 됐다고 합니다. 제천 역시 그렇게 폐허가 된 마을 가운데 하나였습니다.

✸ 침략자 이토 히로부미를 죽인
안중근 의사도 의병장 출신이었다

일본의 의병 토벌 작전이 한창이던 1909년 10월 26일, 중국 하얼빈 역에서는 세 방의 총성이 울렸습니다. 이곳을 방문했던 이토 히로부미가 우리 안중근 의사에 의해 암살당했던 것이지요. 이토 히로부미는 일본의 조선 침략을 이끌며 을사조약, 고종 퇴위, 대한 제국 군대 해산 등을 이끌었던 인물입니다. 흥미로운 사실은 안중근 의사 역시 의병장 출신이었다는 점입니다. 안 의사는 러시아

에서 '대한 의군'이라는 부대를 만들었지요. 이 부대는 1908년 함경북도에서 일본군과 전투를 벌이는 등 여러 가지 활약을 보였습니다. 그래서인지 안중근 의사는 재판정에서 자신을 소개할 때 '대한 의군 참모중장'이라고 밝혔다고 합니다. 요즈음 안중근 의사를 '의사(義士)정의로운 일을 한 사람' 대신 '장군'이라고 부르자는 이야기가 나오는 것도 그의 의병 활동 때문입니다.

● 안중근 의사(1879년~1910년)
독립운동가로 이토 히로부미를 저격했다. 이토 히로부미는 응급 처치를 받고도 살아나지 못했다.

독일의 과학자
아인슈타인,
상대성 이론 발표

미국 샌프란시스코에서
대지진 발생

미국,
파나마 독립 인정

러시아의
퉁구스카에서
운석 폭발

청나라와 일본,
간도 협약 체결

1905년　　　　1906년　　　　1907년　　　　1908년　　　　1909년

1905년~1910년 | 나라의 주권을 되찾기 위한 애국 계몽 운동의 노력

그들이 석 달간 담배를 끊고
반찬값을 아낀 이유는?

무기를 들고 싸우는 것만이 나라를 위하는 길일까요?
일제에 맞서는 애국 운동 중에는 '교육 운동'도 있었다고 합니다.
우리가 지금 하고 있는 역사 공부도 크게 보면 애국인 셈이지요.

놋그릇 장수가 전 재산을 내놓은 사연

"위기에 빠진 나라를 위해 여러분은 무엇을 하시렵니까! 학교를 세워 나라를 구할 인재를 기르지 않겠습니까! 더 많은 신문과 잡지를 만들어 나라 사랑의 길을 알리지 않겠습니까!"

1907년 평양의 모란봉. 김구 선생과 함께 일제 시대를 대표하는 독립운동가 도산 안창호 선생이 연단에 올라와 있었습니다. 그 무렵 30세가 된 안창호는 미국 유학길에서 돌아온 참이었지요. 그는 전국 곳곳을 돌며 연설회를 열고 있었습니다. 국민들에게 나라의 위기를 알리고 자주독립 국가에 대한 희망을 불어넣기 위해서였습니다.

그의 힘찬 연설이 끝나자 놀라운 일이 벌어졌습니다. 하나같이 남루한 옷차림을 한 가난한 청중들이 너나없이 주머니를 열었던 것입니다. 남자들은 허리춤의 쌈지를 열고, 여자들은 비녀와 가락지를 뺐지요. 그들의 표정에는 '나도 나라를 위해 뭔가 하고 있다'는 뿌듯함이 가득했습니다.

이 장면을 보고 눈을 빛내는 한 사람이 있었습니다. 놋쇠 그릇 장사로 떼돈을 번 이승훈이라는 상인이었지요. 그는 장사꾼에 불과했지만 가슴속은 늘 나라를 걱정하는 마음으로 가득 차 있었습니다. 나라를 위해 뭔가를 하고 싶었지만 무엇을 해야 할지는 잘 몰랐던 거지요. 안창호의 연설을 듣고서야 그는 눈앞이 환해지는 듯했습니다.

'그래! 내가 가진 재산을 털어 교육 사업에 나서자! 나라를 구할 인재를 길러 보자!'

그는 부푼 희망을 안고 고향으로 내려갔습니다. 가진 재산을 바쳐 안창호가 말한 교육 사업에 나서기로 결심한 것입니다.

얼마 뒤 평안북도 오산에는 번듯한 건물 하나가 등장했습니다. 이름하여 오산 학교. 고향에서 교육 사업을 하겠다는 이승훈의 결심이 드디어 열매를 맺은 것입니다. 민족 교육을 실시한 이 학교는 곧 수많은 독립운동가를 길러내는 곳으로 유명해졌습니다.

작은 불씨 하나가 넓은 들판을 태운다는 말이 있습니다. 안창호의 연설도 그와 비슷했지요. 그의 한마디 말이 이승훈을 비롯하여 수많은 국민들을 나라 사랑의 길로 이끌었기 때문입니다. '애국 계몽 운동'은 그렇게 본격적인 발걸음을 떼었습니다.

환하게 번져 나가는 애국 계몽 운동

안창호가 연설회를 열고 있던 무렵. 일제가 야금야금 먹어 치운 조선의 국권은 서산에 걸린 해와 같았습니다. 하지만 대부분의 사람들은 아직 잘 모르고 있었지요. 일제의 식민지가 된다는 것이 무엇인지, 앞으로 얼마나 무서운 결과를 가져올지 말입니다. 그저 조선의 상전 노릇을 하는 나라가 청나라에서 일본으로 바뀌는 것 정도로 생각하는 사람조차 있었습니다.

제일 먼저 바꿔야 할 것은 바로 그것이었습니다. 나라가 어떻게 벼랑 끝에 서 있는지, 나라의 주권을 지키기 위해서는 무엇을 해야 하는지를 똑똑히 알려줘야 했던 것입니다.

애국 계몽 운동. 이 운동은 바로 그 일을 하기 위해 태어난 것이었습니다. 이름 그대로 '나라를 사랑애국'하는 일을 '가르치고 깨우치게 한다계몽'는 뜻을 품은 움직임을 말하는 것이었지요. 이렇게 길러진 민족의 지혜를 바탕으로 여러 분야에서 실력을 기르는 것이었습니다. 교육, 언론, 산업, 문화, 종교에 이르기까지 모든 분야에서 일본을 넘어설 힘을 기르자는 것이었지요.

그런 애국 계몽 운동이 무엇보다 교육과 언론 활동에 힘을 쏟은 것은 우연이 아니었습니다. 우선은 우리 민족이 현실을 정확히 알아야 하고, 또 수 많은 사람들을 교육하고 이끌어 나갈 지도자들이 필요했으니까요.

오산 학교와 대성 학교**안창호가 평양에 세운 학교**의 탄생은 그 시작이었습니다. 그때까지 조선에 세워진 소학교**지금의 초등학교**는 겨우 30곳. 그러나 애국 계 몽 운동이 벌어진 뒤에는 무려 3천여 곳의 학교가 들어섰습니다. 애국 계몽 운동이 얼마나 활화산처럼 불타올랐는지를 잘 보여주고 있지요.

언론 활동 역시 마찬가지였습니다. 1898년 발간된 《제국신문》, 《황성신 문》이 애국 계몽 운동을 이끄는 가운데 《대한매일신보》, 《만세보》, 《대한민 보》, 《소년》 등의 신문, 잡지들이 연달아 모습을 드러냈습니다. 이들 신문, 잡지의 활약 속에 국민들은 앞으로 무엇을, 어떻게 해야 할지를 똑똑히 깨 닫게 되었지요.

담배 끊고 반찬값 아껴 나라의 빚을 갚읍시다!

애국 계몽 운동은 경제 분야에서도 시작되었습니다. 일본이 우리 민족을 옭아매기 위해 제멋대로 떠넘긴 나라 빚 1,200여만 원을 갚자는 운동이 벌 어진 것입니다.

'국채 보상 운동**나라의 빚을 갚자는 운동**'이라고 이름 붙여진 이 운동은 1907년 대구에서 시작되었습니다. 석 달간 담배를 끊고 반찬값을 아껴 돈을 모으 자는 게 이 운동의 계획이었지요. 이에 감동한 고종 황제와 관리들 역시 담 배를 끊었을 만큼 이 운동은 뜨거운 열기 속에 벌어졌습니다. 그 결과 짧은 시간 동안 600만 원이라는 당시로는 많은 돈이 걷히게 되었지요.

하지만 이 운동은 일제의 비열한 방해로 실패하고 말았습니다. 사람들을 협박해 돈을 내지 못하게 하는가 하면, 모금 운동을 한 사람들이 돈을 빼돌

렸다며 모함을 했던 거지요. 그 결과 우리 민족은 서로를 의심하다가 아쉽게도 운동을 포기하고 말았습니다. 이처럼 애국 계몽 운동이 걸어가는 길은 늘 가시밭길이었습니다. 1905년부터 1910년까지 겨우 5년 동안 계속되다가 일제의 방해로 뜻을 이루지 못하게 된 것이지요.

하지만 애국 계몽 운동이 독립운동의 역사에 남긴 자취는 뚜렷했습니다. 우선 안창호, 이승훈 선생 같은 독립운동의 지도자들을 탄생시킨 것은 무엇보다 큰 업적이었지요. 또 이들의 가르침을 받으며 수십만 명의 젊은이들이 민족을 위해 나서게 된 일 역시 소중한 성과였습니다.

애국 계몽 운동의 이런 활약 속에 우리 민족의 실력은 크게 발전했습니다. 비록 뜻하던 대로 일제를 넘어설 만큼 힘을 키우지는 못했지만, 우리 민족의 독립운동에는 값진 밑거름이 마련되었던 것입니다. 그렇듯 애국 계몽 운동은 해방되는 그날까지 우리 독립운동의 역사에 큰 영향을 끼친 움직임의 하나였습니다.

◉ 일제는 애국 계몽 운동을 막기 위해 어떤 짓을 했을까?

1908년 일제는 우리 민족의 교육 사업을 막기 위한 법을 만들었습니다. 이 법에 따라 교과서를 비롯한 수업 내용을 바꾸고, 학교도 일제의 허가를 맡아야만 열 수 있도록 했지요. 그 결과 우리 민족이 세운 학교는 3,000여 곳에서 겨우 1,973곳만이 살아남게 되었지요. 또 일제는 신문에 관한 법도 만들어 《제국신문》, 《황성신문》의 문을 닫게 하고 《대한매일신보》를 친일신문으로 바꾸어 버리고 말았습니다.

◉ 《대한매일신보》의 베델은 왜 그토록 한국을 사랑했을까?

《대한매일신보》를 만든 어니스트 토마스 베델(1872년~1909년)은 한국 이름 '배설'이라는 이름으로도 알려져 있습니다. 그는 러일전쟁을 취재하러 왔다가 조선에 동정심을 느끼고 그대로 눌러 앉았습니다. 그 뒤 《대한매일신보》를 발행하여 우리 민족의 독립운동을 열심히 도왔지요. 결국 일제의 미움을 사 감옥에 갇혔던 그는 37세의 젊은 나이로 죽고 말았습니다. 그의 마지막 유언은 "나는 죽더라도 《대한매일신보》는 영원히 지켜내어 한민족을 구하라"였다고 합니다. 베델은 왜 그토록 조선을 사랑했던 것일까요? 그는 영국인이었지만 원래 아일랜드 출신이었습니다. 아일랜드 역시 영국의 식민지로 오랜 고통을 겪었던 나라였지요. 아마도 베델은 조선의 모습에서 사랑하는 조국 아일랜드를 떠올렸나 봅니다.

● 어니스트 토마스 베델(1872년~1909년)   ● 《대한매일신보》

● 멕시코 혁명
  일어남

● 중국에서
  신해혁명 일어남

● 러시아 혁명 발생.
  로마노프 왕조 무너짐

● 중국에서 5·4 운동,
  인도에서 간디의
  비폭력 운동 시작됨

1910년　　　　1911년　　　　1917년　　　　1919년

◉ 1919년 | 일제에 저항한 최대의 민족 투쟁, 3·1 운동

역사에 길이 남을 그날, 3월 1일에 만세가 울려 퍼진 까닭은?

해마다 3월 1일이 되면 나라에서 성대한 기념식을 열고,
집집마다 태극기를 다는 이유를 혹시 알고 있나요?
우리 민족이 한 목소리로 만세를 외쳤던 그날, 무슨 일이 생긴 걸까요?

간절한 한 가지 생각에서 시작된 운동

기미년 3월 1일, 정오
터지자 밀물 같은 대한 독립 만세

많이 들어 본 노래 가사라구요? 맞습니다. 대한민국 사람이라면 모를 수 없는 노래, 삼일절 기념 노래의 한 구절입니다.

3·1 운동만큼 우리 근현대의 역사 속에 큰 자리를 차지하고 있는 사건은 없습니다. 일제 시대를 통틀어 3·1 운동과 같은 큰 싸움은 이전에도 없었고, 이후에도 없었으니까요. 이때 만세 운동에 참여하여 목이 터져라 대한 독립 만세를 외쳤던 사람이 무려 2백만 명. 그 당시 전국에 있던 220개 군 중에서 만세 소리가 울려 퍼진 곳이 212개. 정말 민족 전체가 나섰다는 말이 딱 맞았지요.

하지만 3·1 운동은 결국 우리 민족의 패배로 끝나고 말았습니다. 정말 안타깝지만 조금 이상하기도 합니다. 일제가 제아무리 악랄하다고 해도 우리 민족 전체를 상대로 싸우는 일이 쉬울 리는 없었을 텐데……. 그런데도 패배한 이유는 과연 무엇일까요?

여러 이유가 있겠지만, 가장 중요한 이유는 바로 이것입니다. 우리 민족이 어떤 생각 한 가지를 너무나 믿었다는 사실이지요. 그런데 곰곰 살펴보면 이 생각은 3·1 운동이 시작되는 데에도 아주 큰 영향을 미쳤습니다. 결국 3·1 운동의 시작과 끝을 모두 결정했던 셈입니다. 그 생각이란 무엇이고, 또 3·1 운동과는 어떤 관계가 있었는지 알아보기 위해 백 년 전 미국으로 떠나 볼까요?

민족 스스로가 자신의 운명을 결정한다?

1918년 1월 초. 미국 국회에는 한 통의 편지가 도착했습니다. 새해를 맞아 대통령인 우드로 윌슨이 보낸 편지였지요. 그런데 이 편지를 열어 본 국회의원들은 깜짝 놀랐습니다. 세계의 평화를 위한 14개의 방법 중에 충격적인 내용이 들어 있었기 때문입니다.

"어떤 민족에 관한 일은 그 민족 스스로가 결정하게 한다."

역사 속에 '민족 자결주의**어떤 민족이든 자신의 운명은 스스로 결정하게 하자는 생각**'가 모습을 드러낸 순간이었습니다.

그 무렵 제1차 세계대전이 끝나가고 있었습니다. 미국의 윌슨 대통령은 너무나 참혹한 전쟁을 지켜보던 중 세계 평화를 위해 한 가지 방법을 생각해 냈습니다. 전쟁이 식민지 때문에 일어났으니 그것을 없애면 싸울 일도 없어질 거라는 생각이었습니다. 식민지 민족에게 앞길을 선택할 권리를 주면 모두가 독립을 원할 것입니다. 결국 민족 자결주의는 강대국 스스로 식민지를 포기하자는 생각이기도 했던 것이지요. 미국의 국회 의원들이 깜짝 놀랄 만했습니다.

민족 자결주의에 대한 소식이 전해지자 세상은 들끓었습니다. 우리 민족 역시 마찬가지였습니다. 이 기회에 꼭 독립을 이루자는 희망이 가득 차올랐지요. 1919년 2월 1일에는 만주와 연해주의 독립운동가들이 '대한독립선언문'을 발표했습니다. 2월 8일에는 일본 동경에 사는 유학생들이 '2·8 독립선언문'을 발표했지요.

조선 안에서도 마찬가지였습니다. 2·8 독립선언 소식이 전해지자 국내에서도 만세 운동 계획이 꿈틀거리기 시작한 것입니다. 민족 전체가 참여하는 만세 운동을 벌여 우리의 독립 의지를 전 세계에 알리자는 것이었지요. 그러면 강대국들이 우리 민족을 독립시켜 줄 거라고 굳게 믿었던 것입니다.

자, 이제 여러분은 우리 민족이 굳게 믿었다던 어떤 생각. 그것이 민족 자결 주의라는 사실을 쉽게 짐작할 수 있을 것입니다.

민족 자결주의에 숨은 함정

1919년(기미년) 3월 1일 오후 2시. 마침내 역사적인 사건이 벌어졌습니다. 서울 종로의 요릿집 태화관에서 민족 대표 33명이 모여 '독립선언문'을 발표한 것이지요. 이 선언문은 조선이 자주독립국임을 밝히고 조선 사람이 나라의 주인이라는 내용을 담고 있었습니다.

같은 시각, 서울 종로의 탑골 공원에서도 비슷한 일이 벌어졌습니다. 수많은 청년·학생들이 선언문을 발표하고 거리 시위에 나섰던 것이지요. 이날의 만세 소리는 순식간에 서울을 가득 메우고 전국으로 퍼져 나갔습니다. 뿐만 아니라 중국, 러시아, 미국 등 한민족이 사는 곳이라면 어디든 번져 나갔지요. 만세를 부르는 우리 민족의 눈에는 벅찬 감동의 눈물이 흘렀습니

● 기미 독립 선언문

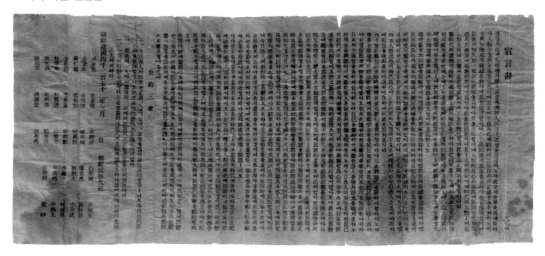

다. 금방이라도 나라를 되찾고 독립을 이룰 듯한 기쁨 때문이었습니다.

하지만 결과는 달랐습니다. 오래지 않아 비참한 패배가 눈앞에 닥쳐왔으니까요. 그렇다면 그토록 거세게 일어났던 3·1 운동을 패배의 길로 이끈 것은 무엇이었을까요?

패배의 원인 역시, 놀랍게도 3·1 운동의 불씨가 된 민족 자결주의였습니다. 이 무렵 민족 자결주의는 자신의 진짜 모습을 드러내는 중이었으니까요. 강대국들이 해방시켜 주자던 식민지는 세상의 모든 식민지가 아니었습니다. 그들은 제1차 세계대전에서 진 나라의 식민지만을 말했던 것이지요.

안타깝게도 우리 민족과는 전혀 상관없는 이야기였습니다. 일본은 제1차 세계대전에 참여해서 승리한 나라 중 하나였기 때문입니다. 처음부터 우리

● 3·1 운동

민족은 해방될 가능성이 전혀 없었던 것입니다. 민족 자결주의 속에 깊은 함정이 숨어 있었던 것이지요.

이런 상황은 3·1 운동 과정에서도 잘 드러났습니다. 일제의 잔인한 행동이 계속되는 데도 강대국들은 입 한 번 벙긋하지 않았습니다. 윌슨 대통령의 나라인 미국 역시 마찬가지였지요. 이들은 일본 편을 들면서 "조선에서 일본이 잔인한 행동을 한다는 소문은 모두 거짓"이라는 말을 하기까지 했습니다. 가재는 게 편이라는 속담이 딱 맞는 경우였지요.

강대국들이 우리 편이 아니라는 사실은 너무나 분명해졌습니다. 우리 민족의 실망감은 이루 말할 수 없을 만큼 컸지요. 3·1 운동의 열기 역시 썰물처럼 사라져 버렸고요. 강대국들을 믿고 일으킨 운동이었으니 당연한 일이었습니다. 결국 3·1 운동은 1년여 만에 막을 내리고 말았습니다. 사망 7,645명, 부상 4만여 명, 체포 5만여 명 등 어마어마한 희생을 남긴 채였지요.

민족 자결주의가 불씨를 당기고 또 찬물을 끼얹은 3·1 운동. 이 사실이 우리에게 남긴 교훈은 너무나 또렷했습니다. 우리의 운명을 결정하는 것은 결코 누군가 베푸는 은혜에 의해서가 아니라는 사실! 우리의 운명을 결정하는 일에는 무엇보다 우리 자신의 힘이 뒷받침되어야 한다는 교훈이었지요. 그 교훈에 따라 우리 민족은 더욱 다양하고 특별한 방법을 찾아 독립을 위해 노력하게 되었습니다.

❀ 그래도 위대했던 3·1 운동

3·1 운동은 실패했지만 그것이 역사에 미친 영향은 컸습니다. 무엇보다 3·1 운동은 우리 민족이 아무리 불리한 상황에서도 목숨을 내놓고 싸울 수 있다는 사실을 알려주었지요. 이런 민족의 힘을 확인한 것만으로도 3·1 운동의 역할은 아주 컸다고 말할 수 있습니다. 이런 힘을 바탕으로 우리 민족은 1920년대에 더욱 활발한 독립운동을 벌여 나갔지요. 노동자, 농민, 청년, 여성, 백정, 학생, 어린이, 문화, 체육 등 다양한 분야에서 독립을 향한 움직임이 쏟아져 나온 것입니다. 또 중국의 만주와 러시아 연해주 등 동포들이 사는 곳에서는 독립군의 활동이 불을 뿜게 되었습니다. 이와 같은 움직임들은 모두 3·1 운동이라는 거대한 줄기에서 뻗어 나온 가지들이었지요. 그래서 역사가들은 3·1 운동의 실패를 '위대한 패배'라고 부르고 있습니다.

❀ 민족 대표 33인은 어떤 인물들이었을까?

일제의 무단 통치 아래서 비교적 자유롭게 활동할 수 있었던 건 종교계와 학생들이었습니다. 그래서 3·1 운동에 앞장선 민족 대표 33인은 대부분 종교계 지도자였지요. 천도교에서는 권동진, 송병희 등 15명, 기독교에서는 이승훈, 박희도 등 16명, 불교에서는 백용성과 〈님의 침묵〉이라는 시로도 잘 알려진 만해 한용운 스님이 참여했지요. 아쉽게도 이들은 태화관에서 선언문을 낭독한 뒤 일제의 경찰서에 스스로 걸어 들어가고 말았습니다. 3·1 운동을 끝까지 책임지지는 못했던 것입니다. 그래도 3·1 운동을 가능하게 만든 이들의 업적은 역사 속에서 높게 평가 받고 있습니다.

❀ '상쾌한 아침의 나라'가 준 감동

　3·1 운동은 국내의 독립운동은 물론 국제 사회에도 큰 영향을 미쳤습니다. 특히 중국에서는 1919년 5월 4일 일본의 침략에 반대하는 '5·4운동' 이 일어나게 되었습니다. 이것은 3·1 운동의 영향을 받아 일어난 사건이었지요. 또 3·1 운동은 영국의 지배 아래 있던 인도에게도 큰 감명을 주었습니다. 인도의 독립운동가 네루는 감옥에서 딸에게 편지를 보내 이렇게 말했습니다.

　"상쾌한 아침의 나라라는 뜻을 지닌 조선은 일본의 총칼 아래 민족정신을 짓밟혔다. 3·1 운동은 조선 민족이 수없이 죽어가고 일본 경찰에 잡혀가서 모진 고문을 당하면서도 무릎 꿇지 않았던 숭고한 독립운동이었다."

　이처럼 3·1 운동은 세계의 식민지 나라들에게 큰 용기를 안겨 준 국제적인 사건이었습니다.

3·1운동은 일본의 총칼에 무릎 꿇지 않았던 숭고한 독립운동이었단다.!

국제 연맹 탄생	소비에트 사회주의 공화국 연방(소련) 탄생	중국의 장개석, 남경에서 국민 정부 수립	일본, 만주 침략	중일 전쟁 시작. 일본군에 의한 남경 대학살 발생
1920년	1922년	1927년	1931년	1937년

1920년~1945년 | 대한민국 임시 정부의 수립과 활동

대한민국의 진짜 생일은 언제일까?

역사가 시작되고 수천 년간 임금의 시대가 이어져 왔습니다.
지금 우리가 사는 대한민국의 나이는 생각보다 훨씬 젊은 셈이지요.
국민이 주인인 나라, 대한민국은 어떻게 태어났을까요?

나라의 생일은 '건국 기념일'

"생일 축하합니다~, 생일 축하합니다~."

어제 생일이어서 축하 케이크를 배부르게 먹었다고요? 그렇습니다. 이 세상의 모든 사람은 생일이 있고, 이날을 맞아 여러 사람으로부터 진심 어린 축하를 받지요.

그렇다면 나라의 경우는 어떨까요? 역시 마찬가지입니다. 나라들도 저마다 건국일**나라를 세운 날** 혹은 건국 기념일이라고 불리는 생일을 갖고 있으니까요. 미국은 7월 4일, 이탈리아는 6월 2일, 아프리카의 케냐는 12월 12일······. 건국 기념일은 온 국민이 축하 행사를 벌이며 나라의 밝은 미래를 다짐하는 날이기도 하지요.

그럼 우리 대한민국의 생일은 언제일까요? 단군 할아버지가 고조선을 세운 개천절(10월 3일) 아니냐고요? 그것도 맞는 말입니다. 하지만 고조선도 아니고, 고려나 조선도 아닌 지금 우리가 사는 대한민국은 언제 태어났을까요? 잘 모르겠다고요?

국민의 나라로 거듭난 대한민국

1919년 4월 13일. 중국 상하이의 프랑스 조계**외국이 빌려서 자기 영토처럼 쓰는 땅** 안에서는 역사적인 사건이 벌어지고 있었습니다. 허름한 건물에 가득 모인 사람들. 더러는 신사복에, 더러는 중국 옷에, 더러는 수염이 나고, 더러는 아직 젊은 조선 사람들로 가득했지요. 하지만 이 모든 사람들의 얼굴은 한결같았습니다. 벅찬 감격과 환희로 끓어오르고 있었지요.

이곳에서는 지금 어떤 일이 벌어지고 있는 것일까요? 바로 대한민국 임시 정부가 세워지고 있었습니다. 조선 왕조의 멸망 이후 최초로 우리 민족에 의한 새로운 나라, 새로운 정부가 탄생하고 있었던 것이지요. 3·1 운동은 거대했고 평화적이었지만 우리 민족에게 독립을 가져다주지는 못했습니다. 그래서 독립운동가들은 3·1 운동에 대한 반성 속에 임시 정부를 세우려 했던 것이지요. 정부의 형태를 갖춰 민족의 힘을 하나로 모으고 더욱 활발하게 독립운동을 벌여나가기로 한 것입니다.

임시정부가 세워진 1919년 4월 13일! 이제 여러분도 짐작하겠지만 대한민국의 생일은 바로 이날입니다. 이날을 통해 우리 대한민국의 뼈대가 갖추어졌기 때문이지요. 우선 우리나라의 이름이 '대한민국'으로 정해진 것도 바로 이날입니다. 황제의 나라를 가리키는 '대한제국' 대신 '국민이 주인인 나라'라는 뜻을 가진 '대한민국'이 된 것이지요. 수천 년에 걸친 임금의 시대가 끝나고 드디어 국민의 시대가 시작된 순간이었습니다.

이름만 바뀐 것은 아닙니다. 이날을 통해 대한민국은 의정원**국회**, 국무원**행정부**, 재판소**사법부**로 이루어진 나라 형태도 갖추게 되었지요. 한마디로 1919년 4월 13일을 통해 대한민국은 민주주의 나라의 뿌리와 기틀을 마련하게 된 것이었습니다. 비록 외국에 임시로 세워진 것이긴 하지만, 대한민국 임시 정부가 역사적으로 큰 의미를 갖는 건 바로 이 때문이지요. 자, 이 정도면 대한민국의 탄생일로 인정받는 데 부족함이 없지 않을까요?

해방의 그날까지 독립운동을 이끌었던 임시 정부

1919년 4월 13일 탄생한 이후 임시 정부는 일제와 맹렬하게 싸워 나갔습니다. 세워진 이유가 독립운동을 위해서였으니 당연한 일이었습니다.

임시 정부는 가장 먼저 연통제라는 것을 마련해 일제와의 싸움을 시작했지요. 연통제란 중국과 조선 안에서 일어나는 독립운동을 하나로 연결하기 위한 조직이었습니다. 임시 정부는 연통제를 통해 새로 만든 법이나 명령을 국내에 전했습니다. 국내에서 독립운동에 쓰일 돈을 모금하거나 독립군에 참여할 군인들을 모집하기도 했지요.

또 임시 정부는 《독립신문》을 발행하여 전 세계에 우리의 독립운동을 알리기도 했습니다. 일제가 조선을 식민지로 삼은 것이 잘못이라는 사실과 우리 민족의 독립 의지를 세계에 널리 알린 것이지요. 미국과 유럽 여러 나라에 외교관을 보내 독립운동을 한 것, 무관 학교와 비행사 학교를 세워 무장 독립운동을 벌여 나간 것……. 임시 정부는 그 무렵 독립을 위해 할 수 있는 일들을 최선을 다했습니다.

● 《독립신문》

《독립신문》은 당시 민중의 계몽에 큰 역할을 한 신문으로, 대중이 읽기 쉽도록 한글로 만들어졌으며 동시에 영문판으로도 나와 우리의 소식을 외국에 알리는 데도 힘썼다.

국내는 물론 해외에 나가 있던 동포들도 임시 정부의 탄생에 환호성을 질렀습니다. 이들은 방금 독립이라도 한 것처럼 눈물을 흘리며 덩실덩실 춤까지 췄다고 하지요. 그리고는 힘들게 번 돈을 모금해 임시 정부의 활동을 도왔습니다. 그처럼 임시 정부는 독립을 꿈꾸던 우리 민족 모두의 기대를 한 몸에 짊어진 독립운동의 사령부였습니다.

하지만 임시 정부의 앞길이 순탄하기만 한 것은 아니었습니다. 임시 정부의 활동은 몇 년이 되지 않아 깊은 수렁으로 빠져들고 말았으니까요. 임시 정부에서 일하던 사람들 사이에서 심한 다툼이 벌어졌던 것입니다. 너무나 많은 사람들이 서로 다른 생각을 가진 채 임시 정부에 들어왔기 때문이었지요. 결국 다투던 사람들은 서로의 주장을 굽히지 않은 채 뿔뿔이 흩어지고 말았습니다. 임시 정부에 남은 사람들은 그 뒤 20여 년 동안이나 제대로 된 활동을 펼치지 못했지요.

하지만 일제가 중국을 침략하자 조금씩 상황이 바뀌었습니다. 임시 정부는 중국 정부를 따라 옮겨 다니며 다시 독립운동의 기지개를 펴 나갔던 것입니다. 그리하여 임시 정부는 1945년 해방이 되는 날까지 우리 민족의 독립운동을 끈질기게 이끌어나가게 되었지요. 3·1 운동 이후 벌어진 독립운동의 역사를 시작부터 끝까지 모두 품에 안고 있었던 것입니다.

그래서 역사가들은 이렇게 말합니다. 단군 할아버지가 나라를 세운 개천절도 중요하지만, 1919년 4월 13일 역시 끊임없이 그 의미를 되새겨보아야 하는 날이라고 말이지요. 그날의 정부 수립과 이어진 활동이야말로 대한민국을 대한민국답게 만든 가장 중요한 일 중 하나였다고 말입니다. 자, 이제 우리도 누군가 대한민국의 생일을 물어 온다면 자신 있게 대답할 준비가 되었겠죠?

❁ 헌법도 인정한 대한민국의 혈통

　상하이에 세워진 임시 정부를 인정하는 건 우리나라의 최고 법률인 헌법도 마찬가지입니다. 헌법은 우리나라가 "3·1 운동으로 세워진 대한민국 임시 정부의 맥을 잇고 있다"고 분명히 밝히고 있지요. 심지어 1948년 8월 15일 정식으로 세워진 이승만 정부도 이렇게 말한 일이 있습니다. "이 날(1948년 8월 15일)은 대한민국 정부가 회복되어서 40여 년간 싸워 온 열매가 맺어진 날"이라고 말이에요. 그리고는 1948년을 "대한민국 30년"이라고 선언했습니다. 이 정부 역시 임시 정부의 맥을 잇고 있음을 분명히 밝혔던 것이지요.

❁ 세 갈래가 만나 하나의 임시 정부로!

　역사 속에서 가장 먼저 모습을 드러낸 임시 정부 수립 움직임은 1919년 3월 17일 등장한 대한국민의회입니다. 이 정부는 러시아 영토인 블라디보스토크에서 세워졌지요. 이어서 4월 13일에는 상하이의 임시 정부, 4월 23일에는 한성 임시 정부도 모습을 드러냈습니다. 세 정부는 1919년 9월 6일 하나의 정부로 합쳤음을 선언했습니다. 상하이의 임시 정부를 중심으로 나머지 두 정부의 인물들이 함께 참여하기로 한 것이지요. 임시 정부의 수도를 상하이에 둔 것은 이곳이 국제적인 도시로서 교통과 외교 활동에 편리했기 때문입니다.

그때 세계는

- 제2차 세계대전 시작
- 일본의 하와이 공격으로 태평양 전쟁 시작
- 일본, 동남아시아 점령
- 일본군, 사이판 섬에서 미국에 전멸 당함
- 제2차 세계대전, 연합국의 승리로 끝남

1939년 　1941년 　1942년 　1944년 　1945년

○ 1920년~1945년 | 무장 독립운동을 벌인 독립군의 활약

하늘을 나는 호랑이처럼 일제에 맞선 전사들!

무기도 없고 식량도 부족한 독립군!
그런 독립군이 강력한 일제 군대를 상대로 엄청난 승리를 거두었습니다.
일제의 최신식 무기마저도 이겨낸 독립군의 비결은 무엇이었을까요?

이대로 당할 수만은 없다!

답답함과 억울함, 그리고 타오르는 분노! 일제 시대 역사를 배우다보니 화병이 난다고요? 가슴이 답답해서 죽을 것 같다고요? 맞습니다. 어떻게 된 게 만날 얻어맞고 끌려가고 죽기만 하니……. 정말 울화통이 터져서 견딜 수가 없는 노릇이지요.

하지만 우리 민족이 늘 그렇게 당하기만 했던 것은 아닙니다. 우리에게 도 일제를 혼내준 통쾌한 역사가 있었으니까요. 바로 자랑스러운 독립군의 승리가 그것이었지요.

무기도 부족하고, 군복도 갖춰 입지 못하고, 늘 비밀스럽게 옮겨 다녀야 했던 독립군. 그러나 이들은 일제에 맞서 '승리의 하이킥'을 날렸던 독립운동의 꽃들이었습니다.

무장 독립운동의 시작,
봉오동에 등장한 '하늘을 나는 호랑이'

3·1 운동 이후 우리 민족의 독립운동에는 큰 변화의 바람이 불어 닥쳤습니다. 임시 정부의 탄생은 그 가운데 하나였지요. 그러나 또 다른 곳에서도 변화는 시작되고 있었습니다. 3·1 운동처럼 평화로운 방법으로는 안 되니, 이제는 무기를 들고 싸우겠다는 것. 바로 무장 독립운동(독립 전쟁)의 바람이 거세게 밀어닥쳤던 것이지요.

이미 무장 독립운동을 위한 밑바탕도 마련되어 있었습니다. 19세기 이후 중국 만주와 소련의 연해주에는 수많은 동포들이 건너와 살고 있었지요. 이들은 '한인촌한국인들이 사는 마을'을 세워 힘을 합쳐 살았습니다. 함께 농사를 짓고, 학교를 세워 아이들을 교육시켰지요. 또 언젠가 닥칠지 모를 일제

● 일제에 맞서 싸운 광복군들

와의 싸움을 위해 여러 준비를 하고 있었습니다. 독립군을 기르기 위한 무관학교도 세우고, 농사짓는 틈틈이 무기를 들고 열심히 훈련을 한 것입니다. 만주와 연해주에는 이들이 만든 수십 개의 독립군 부대들이 등장했습니다. 이들은 몰래 국경을 넘어 들어가 일본군 부대와 경찰서 등을 공격하는 등 일제를 끊임없이 괴롭혔지요.

이처럼 독립군이 힘차게 싸우자 일제도 더 이상은 참을 수 없게 되었습니다. 그래서 일제는 국경을 넘어 독립군을 토벌하기로 결정했지요. 1920년 6월 초, 마침내 수백 명의 일본군이 두만강을 넘어 화룡현 봉오동 쪽으로 향하기 시작했습니다. 독립군과 일본군과의 한판 대결이 시작된 순간이었습니다.

하지만 일본군은 눈치채지 못하고 있었습니다. 자신들이 죽을 자리에 발을 들여놓았다는 사실을 말이지요. 봉오동 지역의 독립군을 이끌던 인물이 그 유명한 홍범도 장군이기 때문입니다. 홍 장군은 19세기 말부터 의병에 참여했던 전설적인 인물이었습니다. 일본군조차도 '하늘을 나는 호랑이', '축지법거리를 마음대로 조종하는 도술'을 쓰는 장군'으로 부를 정도였지요.

이윽고 봉오동 산자락에 요란한 총소리가 울려 퍼졌습니다. 그리고 일본 군을 불안에 떨게 한 예감은 그대로 맞아떨어졌습니다. 이때 치열하게 벌어진 전투에서 독립군은 귀신같은 작전으로 일본군에게 엄청난 패배를 안긴 것입니다.

이 전투를 통해 일본군은 사망 157명, 부상 200여 명 등 큰 피해를 입었습니다. 이에 비해 우리 독립군은 4명이 숨지고 2명이 다쳤을 뿐이었지요. 완벽한 승리였습니다. 독립군을 혼내 주겠다며 큰소리치던 일본군으로서는 얼굴을 들 수 없는 망신을 당하고 만 것입니다. 이것이 바로 독립군이 일제에게 날린 '첫 번째 승리의 하이킥'이었습니다.

역사적인 승리, 청산리 대첩

하지만 이것은 시작에 불과했습니다. 봉오동에서의 패배로 약이 오른 일제는 수만 명의 부대를 보내 독립군을 아예 쓸어버리기로 했습니다. 이들은 잔뜩 독기를 품은 채 두만강을 넘어 청산리 지역을 향해 다가오게 되었지요.

이에 맞서는 독립군은 홍범도, 김좌진 장군 등이 지휘하는 2천여 명. 최신식 무기를 가진 10배가 넘는 수의 적을 상대해야 할 순간이었습니다. 마치 이순신 장군이 12척의 배로 수백 척의 왜군 함대를 상대하는 것과 같았지요. 그러나 독립군은 겁먹지 않고 조용히 전투를 기다리고 있었습니다.

1920년 10월 21일 아침 8시. 백운평에서 울린 총소리는 역사적인 청산리 대첩을 알리는 신호탄이었습니다. 이 전투는 완루구, 어랑촌 등으로 번져 며칠 동안이나 치열하게 벌어졌지요. 복수를 노리는 수만 명의 일본군은 독립군을 향해 밀물처럼 밀려들었습니다. 하지만 이 지역의 지리를 잘 알고 있는 독립군은 뱀처럼 지혜롭게 맞서 나갔습니다. 그리고는 싸우는 전투마다 일본군을 벼랑 끝으로 몰아넣었지요.

김좌진 장군이 이끈 백운평 전투에서 200명, 같은 날 홍범도 장군이 지휘한 완루구 전투에서 300명, 또 두 장군이 힘을 합쳐 싸운 어랑촌 전투에서 300명이 넘는 일본군 병사들이 사망했습니다. 이렇듯 6일간 벌어진 청산리 전투에서 죽은 일본군만 무려 1천 2백 명! 그와 함께 수천 명이 부상당했습니다. 독립군의 피해는 전사 60명, 부상 90명. 독립군과 비교하면

● 청산리의 독립군
청산리 대첩에서 이긴 독립군들이 승리를 기념하고 있다.

일본군은 거의 전멸에 가까운 패배를 당하고 만 것입니다.

이 전투가 바로 역사에 길이 남은 '청산리 대첩'이었지요. 일제로서는 독립군이 날린 '두 번째 하이킥'에 온몸이 납작해진 순간이었습니다. 그러나 우리 독립운동의 역사 속에서는 가장 빛나는 승리의 순간이 찾아온 것입니다.

역사적인 승리였던 청산리 대첩이 독립운동에 미친 영향은 컸습니다. 3·1 운동의 패배 뒤 좌절감에 빠져 있던 우리 민족은 이 승리를 통해 다시 일어날 수 있었으니까요. 다시금 '할 수 있다'는 자신감을 찾고 더욱 열심

히 독립운동을 벌여 나가게 된 것입니다. 그와 반대로 일제에게는 한민족
이란 역시 깔볼 수 없는 존재라는 위기감을 심어 준 사건이었지요. 저들이
우리 민족을 다시 보게 된 계기였습니다. 자, 어떤가요? 가슴속 답답함이
조금은 내려가지 않나요?

◎ 김좌진, 홍범도 장군은 어떤 인물들이었을까?

　김좌진 장군은 부유한 양반 집안에서 태어났습니다. 그는 애국 계몽 운동에 참여하여 2년 동안 감옥살이를 한 뒤에 만주로 건너와 독립군 지도자로 활동했지요. 이에 비해 홍범도 장군은 가난한 집안 출신이었습니다. 그는 먹고 살기 위해 포수 노릇을 하던 중 의병 활동에 참여했습니다. 그리고 국내에서의 활동이 불가능해지자 만주로 건너와 독립군이 되었지요. 독립군을 상징하던 두 영웅은 불행한 죽음을 맞았다는 공통점이 있습니다. 김좌진 장군은 1930년 1월, 독립운동의 방법을 놓고 다투던 중 동포의 총에 맞아 눈을 감았지요. 또 홍범도 장군은 일제에 쫓겨 러시아로 피신해 카자흐스탄이라는 곳까지 흘러들어 가게 되었습니다. 그곳에서 극장 수위로 일하던 중 74세가 되던 해 쓸쓸히 눈을 감았다고 전해집니다.

◎ 일제가 벌인 잔인한 복수극

　봉오동, 청산리 대첩에서 참패를 당한 일제는 우리 동포들을 상대로 잔인한 복수극을 벌였습니다. 독립군을 도왔다며 아무 죄 없는 동포들을 마구 학살한 것이지요.

　"남녀노소를 총으로 죽이고 밟아 죽이고 깔아뭉갰으며, 산 채로 파묻고 불에 태우기도 하고, 솥에 삶기도 하고, 몸을 갈가리 찢기도 하고……."

　독립운동가이자 역사가인 박은식 선생은 이때의 비참한 모습을 그렇게 이야기하고 있습니다. 이 잔인한 학살로 1만 명가량의 우리 민족이 목숨을 잃었습니다. 이 사건은 경신년(1920년)에 일어났다고 해서 '경신대참변'으로 불리고 있지요.

✿ 1920년대에 김좌진, 홍범도가 있었다면 1930년대에는 양세봉 장군이 있었다!

독립군의 활동은 1930년대에도 활발하게 이어졌습니다. 이때 우리 독립군을 지휘하던 대표적인 인물은 '전쟁의 신'으로 불렸던 양세봉 장군이지요. 그는 전투를 지휘하는 능력도 뛰어났지만 훌륭한 인품으로 부하들로부터 많은 사랑을 받았다고 전해집니다. 이 때문에 그의 부대는 무적의 부대로 불렸지요. 일제는 그런 양세봉 장군을 눈엣가시처럼 미워해 결국 암살하고 말았습니다. 1934년 9월, 조선 사람 하나를 배신자로 만들어 그를 죽인 것이지요. 이런 어려움 속에서도 1930년대의 독립군은 대전자령 전투를 비롯한 여러 전투에서 청산리 대첩 못지않은 큰 승리를 거두었습니다. 또 1940년대에도 임시 정부가 만든 한국광복군과 조선의용대 등이 큰 활약을 보였지요.

● 김좌진 장군(1889년~1930년)

● 홍범도 장군(1868년~1943년)

● 양세봉 장군(1896년~1934년)

3

그때 세계는

몽골, 중국으로부터 독립	중국의 장개석, 남경에서 국민 정부 수립	인도의 네루, 인도 독립 연맹 결성	일본, 만주 침략	중일 전쟁 시작
1924년	1927년	1928년	1931년	1937년

1920년대~1930년대 | 정의로운 폭력을 통해 나라를 되찾으려 한 의열 투쟁

일제의 폭력에 맞서 쌍권총을 든 사나이의 정체는?

지붕 위를 날고, 쏘는 총알 마다 적을 맞추는 사나이!
어느 영화 속 주인공이냐고요?
독립운동가 중에는 영화 주인공보다 더 멋진 영웅들도 있었답니다!

남은 것은 마지막 한 발!

1923년 1월 23일 새벽. 서울 효제동의 한 주택가에서는 영화 같은 장면이 펼쳐지고 있었습니다. 주택가 지붕 위에 몸을 숨긴 한 남자가 400여 명의 경찰과 총격전을 벌이고 있었던 것이지요. 놀라운 일이었습니다. 수백 명의 적을 상대하면서도 두려움 없이 싸우는 남자. 한 명, 한 명, 또 한 명…… 그의 귀신같은 사격 솜씨에 일제 경찰들이 맥없이 쓰러져 가고 있었었습니다.

이 남자는 누구였을까요? 바로 의열단의 단원인 김상옥 의사(義士)였습니다. 그는 열흘 전인 1월 12일, 서울의 종로 경찰서에 폭탄을 던졌습니다. 종로 경찰서는 독립운동가를 체포하고 고문하던 우리 민족의 원한이 서린 곳이었습니다. 김 의사는 그런 경찰서를 파괴하여 우리 민족을 더 이상 괴롭히지 말라는 경고를 하려고 했던 것이지요.

이 사건으로 경찰서는 크게 부서지고 몇 명이 부상을 입었습니다. 일제는 범인을 잡기 위해 눈이 벌게졌지요. 그들은 닷새 뒤 김 의사가 몸을 숨기고 있던 후암동의 한 집을 찾아냈습니다. 김 의사는 열에 아홉을 명중시킨다는 뛰어난 사격 솜씨를 발휘하며 간신히 탈출했지요. 그러자 일제는 다시 서울 시내를 이 잡듯 뒤져 마침내 그를 찾아낸 것입니다.

1대 400으로 벌어지는 총격전은 무려 3시간 가까이나 계속됐습니다. 쌍권총을 든 김 의사는 집 다섯 채의 지붕을 넘나들며 일제 경찰들을 하나하나 쓰러뜨려 나갔습니다. 그러나 마침내 운명의 시간이 다가왔습니다. 총알이 다 떨어진 것입니다. 이제 남은 것은 마지막 한 발!

김상옥 의사는 미련 없이 총구를 자신의 머리에 갖다 댔습니다. 그는 폭탄을 던지기 전 "차라리 목숨을 끊을지언정 적의 포로가 되지는 않겠다"고 다짐한 일이 있었지요. 이제 그 다짐을 실천하려는 순간이었습니다. 탕! 한

방의 총소리가 긴 꼬리를 남기며 잦아들었습니다. 김상옥 의사의 34년에 걸친 삶이 안타깝게 끝나는 순간이었습니다.

'의(義)'와 '열(烈)', 그 속에 감춰진 뜻은?

일제 시대를 다룬 TV 드라마나 영화를 보면 익숙한 장면이 나오곤 합니다. 때로는 봇짐장수로, 때로는 말쑥한 양복쟁이로 변장한 독립투사들이 은밀하게 활약하는 모습입니다. 이들은 일제의 높은 관리를 암살하거나 친일파들을 처벌합니다. 또 김상옥 의사처럼 조선 총독부나 경찰서 등 일제의 기관들을 파괴하기도 하지요. 그럴 때마다 우리는 속이 확 뚫리는 듯한 시원함을 느낍니다.

의열단! 김상옥 의사가 가입하여 활동했던 의열단은 바로 그런 일을 하기 위해 만들어진 단체였습니다. 이 단체는 3·1 운동이 일어난 뒤인 1919년 11월 만주의 길림성에서 피 끓는 젊은이들에 의해 만들어졌습니다. 김상옥 의사는 이듬해인 1920년부터 이 단체에 가입하여 활동하고 있었지요.

의열단은 그들 나름의 특별한 방법을 통해 독립을 이루려 했습니다. 특별한 방법이란 바로 '무력'을 통해 나라를 되찾겠다는 것이었지요. 하지만 이들이 선택한 '무력'은 '정의'를 위해 어쩔 수 없이 사용하는 폭력을 말했습니다. 여기에서의 정의란 바로 우리의 독립을 의미합니다. 또 그것을 통해 일본의 침략을 막아 내고 아시아의 평화를 지켜 내겠다는 것이었지요. 의열단의 이런 생각은 이름에서도 잘 드러납니다. '열(烈, 강한 행동 즉 무력)'을 통해 '의(義, 정의)'를 이루겠다는 생각이 이름 속에 담겨 있기 때문입니다.

의열단은 부산, 밀양의 경찰서를 폭파하는 것은 물론 조선 총독부, 동양 척식 주식회사**한국의 쌀과 땅 등을 빼앗기 위해 세워진 일본의 회사**, 일제의 은행들을 공격해 나갔지요. 또 조선 총독을 암살하려 하는가 하면 일본의 군인, 심지어 일본 왕을 노린 폭탄 사건을 일으키기도 했습니다. 이 과정에서 수많은 일본인들이 죽거나 다쳤지요. 일제에게 '의열단'이란 '염라대왕'의 또 다른 이름으로 느껴질 정도였습니다.

이처럼 정의로운 폭력을 통해 독립을 되찾으려던 활동을 우리는 '의열 투쟁'이라고 부릅니다. 의열단의 이름을 딴 싸움인 셈이지요. 의열 투쟁은 무장 독립운동과 함께 일제에게 가장 큰 피해를 입힌, 또 우리 민족에게 가장 큰 사랑을 받았던 독립운동이었습니다.

'폭력'이 아니라 '정당방위'였다!

1920년대에 활발하게 벌어진 의열단의 활동은 1930년대 들어 '한인애국단'으로 이어졌습니다. 한인애국단은 대한민국 임시 정부의 명령으로 만들어진 단체였습니다. 이 단체가 벌인 활약 중 가장 유명한 것은 우리에게도 잘 알려진 이봉창, 윤봉길 의사의 의거**의로운 일을 벌인다는 뜻**였지요.

이봉창 의사는 1932년 1월 일본으로 건너가 천왕을 향해 폭탄을 던졌습니다. 그러나 일본 왕이 탄 마차를 잘못 아는 바람에 실패하고 말았지요. 그래도 이 사건은 일제에게 엄청난 충격과 두려움을 안겨 주었습니다. 자신들이 신으로 생각하는 왕까지 공격 받았기 때문이지요.

그로부터 넉 달 뒤인 4월 29일, 상하이의 홍커우 공원에서 다시 한 번 놀라운 사건이 벌어졌습니다. 일제가 벌인 상하이 점령 축하 행사장에서 윤봉길 의사가 도시락 폭탄을 던진 것입니다. 이 일로 일본군 총사령관 등 7명이 죽고 수많은 사람들이 부상을 입었지요. 이 사건 역시 일제에게 엄청난 충격을 주어 중국 침략 계획을 뒤로 미룰 수밖에 없었습니다.

이 사실은 중국인들에게 깊은 감명을 주었습니다. 중국의 1억 인구, 중국의 백만 대군이 해내지 못했던 일을 스물네 살의 조선 청년이 이루어 냈기 때문입니다. 이 일을 계기로 중국 정부는 그들의 영토 안에서 활동하던 우리 독립운동가들을 힘껏 돕기 시작했습니다. 만약 이 도움이 아니었다면 임시 정부는 더욱 힘들고 어려운 길을 걸어야 했을 것입니다. 윤봉길 의사가 임시 정부와 독립운동을 구원한 셈이었지요.

물론 누군가를 죽이고 건물을 파괴하는 일이 좋은 것일 수는 없습니다. 하지만 때때로 옳은 일을 위해 어쩔 수 없이 행하게 되는 폭력도 있는 법이지요. 칼을 들고 침입해 가족을 죽이겠다고 위협하는 강도를 막아낼 때가 그렇지 않을까요? 이럴 때 사용하는 폭력은 폭력이 아니라 '정당방위'입니다. 의열 투쟁 역시 마찬가지입니다. 그것은 일제로부터 우리 민족, 나아가 수많은 아시아 사람들의 자유와 행복을 지켜내려는 정의로운 행동이었습니다.

☀ 이봉창, 윤봉길 의사의 영웅적인 최후

1932년 1월 9일 사건 현장에서 체포된 이봉창 의사는 그해 10월 10일 처형되었습니다. 그는 "나는 너희들의 임금을 상대하는 사람이다. 그런데 너희들이 감히 내게 무례하게 구느냐!"고 호통 치며 재판을 받는 것조차 거절했다고 합니다. 그는 32세의 나이로 눈을 감았습니다. 윤봉길 의사 역시 사건 현장에서 체포되어 일본으로 끌려갔지요. 그리고 1932년 12월 19일 총살당하고 말았습니다. 최근에는 윤봉길 의사의 최후를 담은 사진이 발견되어 많은 이들의 가슴을 울린 일도 있었습니다.

● 윤봉길 의사(1908년~1932년)

☀ 동양의 전통 속에 살아 있던 '의열 투쟁'

원래 '의열'이란 단어는 옛 책에 나오는 '천추의열(千秋義烈)'이란 말에서 따온 것입니다. '후세에 길이 남겨 본받게 해야 할 정의로운 행동'이란 뜻이지요. 국가나 민족, 혹은 가족을 위해 목숨을 아끼지 않고 싸우는 것을 칭송하는 표현이었던 것입니다. 이렇듯 동양의 전통에 비추어 봐도 의열 투쟁은 널리 칭찬받아야 할 일이었습니다. 물론 의열 투쟁에는 잘못된 점도 있었습니다. 몇몇 단원만의 힘으로 아무리 사람을 공격하고 건물을 파괴해도 일제가 쉽게 무릎 꿇을 리 없다는 것이었지요. 그래서 나중에는 대부분의 의열단원들이 독립군으로 변신하여 일제와의 전쟁에 나서게 되었습니다.

● 제2차 세계대전 시작	● 일본의 하와이 공격으로 태평양 전쟁 시작	● 일본, 동남아시아 점령	● 일본군, 사이판 섬에서 미국에 전멸 당함	● 제2차 세계대전 연합국의 승리로 끝남
1939년	1941년	1942년	1944년	1945년

● **1937년~1945년** | 우리 민족을 없애기 위한 음모, 민족 말살 정책

지구상에서 우리 민족을 없애버리겠다고?

민준, 히로시, 링링, 나탈리…… 이름만 들어도 어느 나라 사람인지 대충 알겠지요?
조상님께 물려받은 성씨와 이름에는 나라의 역사와 전통이 깃들어 있기 때문인데요.
이 소중한 이름을 빼앗긴 일이 있었답니다. 어찌 된 일일까요?

일제 시대에 등장한 X맨?

생각만으로 물건이나 다른 사람들을 마음대로 조종할 수 있는 염력, 거대한 폭풍을 일으키고, 자신의 몸을 강철로 바꿀 수 있는 능력……. 여러분도 〈X맨〉이라는 영화를 본 일이 있나요? 너무 재미있게 봐서 X맨이 되는 꿈까지 꾼다고요?

이 영화에 등장하는 X맨들은 유전자 조작으로 탄생한 돌연변이 인간이지요. 그런데 일제 시대에 우리나라에도 X맨들이 살았다는 전설 같은 이야기가 있습니다. 물론 이 X맨들은 돌연변이 인간은 아니었습니다. 빡빡 민 머리통에 검은 물감으로 X자 표시를 그리고 다니던 학생들이었지요. 그 시절 학생들의 최신식 헤어스타일이었냐고요? 아닙니다. 그러면 도대체 이들의 정체는 무엇이었을까요?

창씨개명, 이름을 바꾸라는 요상한 명령

이 X맨들의 정체를 파헤치기 전에 먼저 해야 할 일이 있습니다. 1939년부터 일제가 강요한 '창씨개명' 정책에 대해 알아보는 일이지요. 창씨개명이란 '성씨를 새로 짓고창씨', '이름을 바꾸라개명'는 일제의 정책을 말하는 것이었습니다.

그러면 도대체 어떤 식으로 이름을 바꾸라는 것이었을까요? 홍길동을 박길동으로 바꾸라는 이야기일까요? 아닙니다. 이씨를 스즈키로, 박씨를 다나카로, 또 이름은 이치로, 하네코 따위의 일본식으로 바꾸라는 것이었지요. 한국 이름은 쓰레기통에나 던져 버리고 고상한 일본식 성과 이름을 가지라는 뜻입니다. 나아가 이제부터 한민족이라는 생각은 다 버려 두고 일본인이 되어 살아가라는 명령이었지요.

이름은
조상님이 물려주신
소중한 것이거늘!

그런데 이런 명령이 쉽게 통했을 리 없습니다. 무슨 큰일이 생길 때면 '차라리 내 성을 갈겠다'고 소리치는 게 바로 우리 민족이니까요. 우리 민족이 서슬 퍼런 협박 앞에서도 창씨개명을 따르지 않은 건 당연한 일이었지요.

약이 오른 일제는 온갖 몹쓸 짓을 다해 창씨개명을 밀어붙이려 했습니다. X맨, 아니 이 X 학생의 탄생도 그 과정에서 벌어진 일이었지요. 학교의 일본인 교사들은 창씨개명을 하지 않은 학생들을 온갖 방법으로 괴롭히기 시작했습니다. 이유도 없이 구박하고 욕하거나 때리는 일이 자주 벌어졌던 것이지요. 견디다 못한 학생들이 집에 가서 부모님 옷자락을 잡고 애원하도록 만들려는 것이었습니다. 너무 힘들고 서러워서 견딜 수 없으니 제발 우리 집도 이름을 바꾸자고 말이지요. '세상에 자식 이기는 부모 없다'는 속담처럼, 마음이 흔들린 부모들이 창씨개명에 나설 것이라는 야비한 계산이었습니다.

검은 먹으로 그린 X자 역시 마찬가지였습니다. 이것은 학생들이 큰 수치심을 느끼도록 하기 위해서 벌인 짓이었지요. 친구들과는 어울릴 수 없는 돌연변이가 된 듯한 느낌을 갖게 하기 위한 것이었습니다. 어린이들은 이 X자가 유전자 조작을 위한 표시이기를 진심으로 원했을지도 모릅니다. 한국인을 일본으로 바꿔주는 유전자 조작. 그러면 더 이상의 고통은 없을 테니까요. 지금 우리의 눈에는 자랑스러운 민족의 표시로 비칩니다만 그 무렵의 어린이들에게는 분명 괴상하게 느껴졌을 것입니다.

누가 뭐래도 우리는 단군의 자손!

그러면 여기서 우리의 궁금증은 더해 갑니다. 그 무렵은 일제의 식민지가 된 지도 벌써 30년. 그때까지 멀쩡하게 사용하던 성과 이름을 갑자기 일본식으로 바꾸라니, 대체 이유가 무엇이었을까요?

문제의 해답은 바로 일제의 '민족 말살 정책'에 있었습니다. '말살'이란 '어떤 것을 완전히 없애버린다'는 뜻입니다. 즉 지구상에서 한민족을 완전히 사라지게 한 뒤 일본 민족으로 바꾸겠다는 것이 이 정책의 목표였지요.

이 무렵 일제는 태평양 전쟁에 모든 것을 쏟아붓고 있었습니다. 자연히 우리 민족에게도 모든 것을 전쟁에 바치도록 요구했지요. 하지만 일제는 한 가지 큰 걱정거리를 안고 있었습니다. 만약 우리 민족이 저항에 나서 자기 나라의 운명을 건 전쟁에 방해가 되면 어쩌나 하는 걱정이었지요. 게다가 일제는 모자라는 병사들을 우리 청년과 학생들로 메우고 있었습니다. 그런데 이런 병사들이 총부리를 거꾸로 돌려 일본을 향해 방아쇠를 당기면 어떻게 될까요? 일제로서는 상상조차 하기 싫은 일이었지요.

결국 고민하던 일제는 한 가지 방법을 생각해 냈습니다. 조선인들의 민족의식을 말끔히 없애버리면 모든 문제가 해결된다는 것이었지요. 모두를 천황의 충성스런 국민으로 바꾸어 버리면 쥐어짜든, 달달 볶든 아무런 불평 없이 전쟁에 나설 테니까요. 이것이 바로 일제가 벌인 민족 말살 정책의 진짜 속셈이었던 것입니다.

이를 위해 일제는 다양한 방법들을 사용했습니다. 창씨개명은 물론 한글 사용을 금지하고 우리 역사도 멋대로 바꿔버렸지요. 또 천황에 대한 맹세문인 '황국신민서사'를 외치게 하고, 날마다 천황이 사는 동쪽을 향해 허리 굽혀 절을 하게도 만들었습니다.

이처럼 일제는 우리 민족을 없애기 위한 정책을 막무가내로 밀어붙였지요. 하지만 수천 년 동안 이어 온 우리 민족 정신이 하루아침에 사라지거나 달라질 수 있을까요? 그렇지 않습니다. 우리 민족은 민족의 얼을 지키며 단 한순간도 배달겨레의 후손임을 잊지 않았기 때문입니다.

❂ 이째부터 내 이름은 '개똥이나 쳐먹어리'다?

일제는 창씨개명하지 않은 집안의 자식들은 아예 학교에 입학하지 못하도록 했습니다. 또 입학했더라도 상급 학교에는 진학하지 못하도록 했지요. 어른들의 경우 식량과 물품을 나눠 주지 않거나 가장 먼저 징용으로 끌고 가 죽게 만들기도 했습니다. 그래도 우리 민족은 족보를 불태우고 도망치거나, 아예 목숨을 끊는 등 다양한 방법으로 저항했습니다. 또 어쩔 수 없이 창씨개명을 하는 경우에도 황당한 이름을 지어 일제를 조롱했지요. 예를 들어 '개똥이나 처먹어라'는 뜻으로 '이노쿠소쿠라에', 또 '개의 자식'이라는 뜻의 '이누코' 등으로 성을 바꾸는 식입니다. 이런 저항에도 불구하고 결국 창씨개명은 피할 수 없었습니다. 창씨개명을 하지 않으면 정상적인 생활을 할 수 없었기 때문이지요. 결국 80퍼센트 이상의 한국인들이 눈물을 머금고 이름을 바꾸고 말았습니다.

❂ 황국신민서사란 무엇일까?

'황국신민서사'란 '천황의 나라에 사는 신하와 백성이 드리는 충성의 말씀'이라는 뜻입니다. 어른용과 어린이용이 조금 차이는 있지만 내용은 같습니다.

※ 우리들은 대일본 제국의 신하와 백성입니다.
※ 우리들은 마음을 합하여 천황 폐하께 충성을 다 합니다.
※ 우리는 괴로움을 참고 몸과 마음을 닦아 훌륭하고 씩씩한 사람이 됩니다.

일제는 이런 내용의 충성 맹세문을 수업이 시작되기 전이나 직장의 조회 시간, 모임을 가질 때마다 외치게 했습니다. 이 역시 우리 민족의 생각과 감정을 일본식으로 바꾸기 위한 짓이었지요.

또 일제는 '신사'라는 곳을 만들어 놓고 참배하도록 강요했습니다. '신사(紳士)'란 일본을 위해 죽은 인물들을 모아놓은 사당입니다. 당연히 이곳에는 우리 민족을 침략하여 괴롭히던 자들도 포함되어 있겠지요. 조상을 괴롭힌 자들을 위해 감사의 절을 해야 하다니 정말 어처구니없는 일이었습니다.

1910년대~1940년대 | 민족 문화 수호 운동

폭풍우 앞의 촛불 같은 민족 문화를 지켜라!

이제 일제는 조선의 땅 뿐만 아니라 정신까지 빼앗으려 합니다.
조선인들은 민족 문화를 지키기 위해 아슬아슬한 싸움을 벌이고 있었지요.
시, 소설, 영화와 같은 작품들은 조선인들의 마음에 한 줄기 희망이었습니다.

조선말 한마디가 불러온 사건

1942년 7월, 함경남도 함흥. 한 열차 안에서 작은 소동이 벌어지고 있었습니다. 여학생 하나가 우악스러운 남자에 의해 끌려가고 있었던 것이지요. 여학생은 살려 달라 비명을 질렀지만, 누구 하나 도와주는 사람은 없었습니다. 그저 안타까운 표정으로 혀를 찰 뿐이었지요.

여학생을 끌고 가던 남자는 바로 우는 아이도 울음을 뚝 그친다는 일제 **순사경찰을 가리키던 일제 시대의 말** 야스다였습니다. 끌려가는 학생은 함흥 영생 고등 여학교에 다니던 박영옥이라는 학생이었지요. 그렇다면 여학생이 체포된 이유는 무엇이었을까요? 기차 안에서 친구들에게 조선말을 건넸다는 것이었습니다. 순사는 이 현장을 목격하고는 어린 여학생을 끌고 가려 했던 것입니다. 그런데 황당한 것은 이 야스다란 인물도 사실 안정묵이라는 이름을 가진 조선인이었다는 사실입니다.

이 작은 소동은 엄청난 사건으로 발전했습니다. 경찰이 찾아낸 여학생의 일기장에서 "오늘 선생님이 일본말을 쓴 학생을 혼내주었다"는 구절이 발견된 것입니다. 민족 말살 정책으로 한글이 금지된 이때 일본말을 썼다고 혼을 냈다고요? 일제로서는 도저히 용서할 수 없는 일이 벌어진 것이지요.

문제의 선생님이 끌려왔습니다. 정태진이라는 이름을 가진 이 선생님은 하필이면 '조선어학회'라는 한글 운동 단체에서 일하던 학자였습니다. 이제 일제의 칼끝이 조선어학회로 향하게 된 것입니다. 땅속에서 고구마 열매가 딸려 나오듯 조선어학회의 학자들이 줄줄이 경찰서로 끌려갔습니다. 일제는 이들에게 엉뚱한 죄를 뒤집어씌웠지요. 한글을 연구한다는 건 속임수이고, 실제로는 일제를 몰아내기 위한 비밀 운동을 벌이고 있다는 것이었습니다.

이렇게 하여 조선어학회는 일제에 의해 쑥대밭이 되고 말았지요. 끌려간

학자들 중 이윤재, 한징 두 사람은 모진 고문으로 죽고, 나머지도 2~6년의 긴 감옥살이를 하게 되었습니다. 무엇보다 안타까운 건 가까스로 이어 온 한글 운동의 맥이 끊길 위기에 놓였다는 사실이었습니다. 무심코 건넨 한마디 우리말이 '조선어학회 사건'의 씨앗이 된 것입니다.

한국이 일본보다 10세기 뒤쳐졌다?

말과 글은 한 민족의 정신을 담아내는 그릇입니다. 오랜 세월 쌓여온 민족의 생각과 경험 등이 스며들어 자연스럽게 민족 문화의 밑바탕이 되지요. 그러니 말과 글이 없으면 민족도 없습니다. 얼과 정신이 깃들지 않는 몸뚱이는 고깃덩어리에 불과하니까요.

말과 글을 지키려는 노력이 곧 민족 자체를 지키는 일과 같은 것은 그 때문입니다. 우연한 사건으로 꺾이기는 했지만, 한글 학자들의 노력이 높이 평가받는 것도 마찬가지였지요. 이들은 의열단이나 독립군처럼 무기를 들고 싸우지는 않았습니다. 그러나 민족의 정신과 문화를 지키기 위한 이들의 노력 역시 무엇보다 중요하긴 마찬가지였습니다.

민족 문화를 지키기 위한 싸움은 역사 문제를 둘러싸고도 벌어졌습니다. 일제가 한글만큼이나 망가뜨리고 싶어서 안달했던 것이 바로 우리 역사였으니까요. 그들은 어떻게 해서든 우리 역사를 수치스럽고 하찮은 것으로 바꾸려 애썼지요. 그렇게 못난 조상을 둔 우리가 일본의 노예로 사는 것은 당연하다고 가르치기 위해서였습니다.

일제는 우리 역사가 중국, 일본 같은 나라의 식민지로 출발했다고 주장했지요. 또 자신들이 없었으면 제대로 나라를 이끌어갈 수조차 없는 자립심 없는 나라였다고도 말했습니다. 그래서 한국은 늘 발전에 뒤쳐졌고 일본의

10세기와 한국의 20세기는 비슷한 수준이라는 주장까지 펼쳤습니다. 우리 나라가 자기들보다 무려 10세기나 뒤쳐졌다는 황당한 주장이었지요.

그런데 고대로부터 늘 우리의 선진 문물을 수입해 간 건 바로 일본 아니었나요? 애걸복걸 구걸을 하고, 때로는 약탈을 하고, 심지어 전쟁을 일으키면서까지 우리의 선진 문물에 목말라했던 건 분명 그들이었습니다. 일본은 우리의 선진 문물 없이는 문화를 발전시킬 수도, 백성을 만족시킬 수도 없었지요. 그런데 이제 와서 10세기니, 20세기니 하고 있으니 정말 배은망덕한 일이 아닐 수 없었습니다.

다행히 우리 역사가들은 많은 연구를 통해 일제가 조작한 역사를 바로잡았습니다. 신채호, 박은식, 정인보 선생 등을 중심으로 우리 역사를 정리하여 일제의 엉터리 주장을 하나하나 바로 잡아 나간 것이지요. 그 결과 우리 역사는 부끄럽고 못난 것이 아니라 세상 어디에 내놓아도 자랑스러운 것이었음이 밝혀졌습니다. 역사가들의 이런 노력 역시 민족정신과 문화를 지켜 내기 위한 숭고한 노력 가운데 하나였지요.

민족 문화를 지킨 촛불들이여!

민족 문화를 지키기 위한 노력은 다른 분야에서도 줄기차게 이어졌습니다. 문학에서는 한용운, 이육사, 윤동주, 심훈 등의 작가들이 우리 민족을 위한 작품을 써내려 갔습니다. 영화에서는 나운규 감독이 겨레의 가슴을 울린 〈아리랑〉이라는 작품을 만들어 폭발적인 인기를 얻었지요. 또 체육에서는 손기정1936년 베를린 올림픽 마라톤 우승과 자전거왕 엄복동각종 자전거 대회에서 일본인 선수를 제치고 우승 등이 우리 민족의 우수성을 널리 알리기도 했습니다.

이 모든 이들의 노력이 아니었다면 지금 우리에게는 어떤 일이 생겼을까요? 아마 일본의 계획대로 우리의 민족정신은 죽고 한민족이라는 이름도 지구상에서 찾아볼 수 없었을지 모릅니다. 여전히 일제 시대가 계속되고 우리는 일본의 노예 민족으로 살아가고 있었을 테지요.

꽁꽁 언 손으로 폭풍우 앞의 촛불을 감싸듯, 민족의 얼과 문화를 지켜낸 선조들. 우리는 그분들께 큰절을 올려 고마움을 전해야 할지 모릅니다.

1

2

● 한용운(1879년~1944년) 1
3·1 운동에 앞장선 민족 대표 33인 중 한 명으로 〈님의 침묵〉 등의 시를 남겼다.

● 윤동주(1917년~1945년) 2
독립운동 혐의로 체포되어 감옥에서 사망했다. 광복 후 그가 남긴 시가 모여 시집 『하늘과 바람과 별과 시』가 되었다.

● 나운규(1902년~1937년) 3
만주에서 독립군 활동에 참가하는 등 독립운동에 열심이 였으며, 영화 〈아리랑〉의 감독 및 주연을 맡기도 했다.

● 심훈(1901년~1936년) 4
3·1 운동에 참가해 감옥에 다녀왔으며 일제에 저항하는 문학 작품을 많이 남겼다. 시 〈그날이 오면〉은 최고의 항일시로 꼽힌다.

● 이육사(1904년~1944년) 5
의열단 활동을 하던 중 감옥에 잡혀들어가 받았던 수감 번호 264를 이름으로 삼았다. 독립운동 혐의로 체포되어 감옥에서 사망했으며 『청포도』 등의 시집을 남겼다.

● 손기정(1912년~2002년) 6
1936년 8월 9일 베를린 올림픽에서 마라톤에 우승을 해 민족의 영웅이 되었다.

● 엄복동(1892년~1951년) 7
전조선자전차경기대회, 전조선남녀자전거대회 등 다양한 대회에서 일본인 선수를 이기고 승리해 식민지 조선인의 스타가 되었다.

3

4

5

6

7

✿ 가까스로 되찾은 『조선말 큰 사전』

조선어학회가 무너지며 입은 가장 큰 피해 중 하나는 『조선말 큰 사전』 원고가 사라진 것이었습니다. 이 원고는 조선어학회가 1929년부터 온 힘을 모아 만들어 가던 한글 사전 원고였지요. 약 2만6천 장 정도였던 원고는 사건의 재판이 끝난 뒤 함흥에서 서울로 부쳐졌습니다. 그러다가 중간에서 사라지고 말았지요. 이 원고가 다시 발견된 건 1945년 9월, 해방된 지 불과 20일 정도가 지난 때였습니다. 서울역 창고에서 먼지를 뒤집어쓴 채 발견된 것입니다. 한글로 된 모든 것을 담아내고 있어서 '한글 백화점'이라 불린 이 사전은 해방 후 한글 연구에 큰 영향을 끼쳤습니다.

✿ 아아, 시인을 생체 실험의 대상으로 삼다니!

일제 시대를 대표하는 민족 시인으로 꼽히는 것은 이육사와 윤동주입니다. 이육사는 시인이기에 앞서 의열단 활동을 했던 열렬한 독립운동가였지요. 원래 '원록'이던 이름이 바뀐 것도 대구 감옥에 갇혔을 때 받은 죄수번호 '264'번 때문입니다. 이육사는 1943년에 다시 한 번 감옥에 갇혔고 그곳에서 병을 얻어 안타깝게 눈을 감았습니다. 윤동주의 최후는 더욱 비참했습니다. 연희 전문학교**지금의 연세 대학교**를 졸업하고 일본 유학길에 올랐던 그는 독립운동을 했다는 이유로 체포되었습니다. 그 뒤 후쿠오카 형무소에서 감옥 생활을 하던 중 의문의 죽음을 맞았지요. 나중에 밝혀진 사실에 따르면 그를 죽인 건 일제의 생체 실험이었습니다. 사람의 몸속에 피 대신 소금물을 넣어도 살아남는지를 알아보는 실험이었다고 하지요. 그의 나이 겨우 29세, 해방을 석 달 남겨 놓고 벌어진 일이었습니다.

✸ 마라톤에는 손기정, 자전거에는 엄복동!

양정 고등 보통학교 학생이던 손기정은 베를린 올림픽 마라톤에서 2시간 29분 19초의 세계 신기록으로 우승했습니다. 같은 한국 선수인 남승룡도 동메달을 따는 경사를 누렸지요. 이때 《조선중앙일보》《동아일보》는 두 선수의 가슴에 달린 일장기를 지운 사진을 내보냈습니다. 그리고 이것은 '일장기 말소 사건' 으로 발전하게 되었지요. 일제가 이 일을 꼬투리 삼아 두 신문사의 문을 닫게 하고 많은 기자들을 체포했던 것입니다.

한편 자전거 경주 선수이던 엄복동 역시 대회마다 일본 선수를 꺾고 우승을 차지해 인기가 높았습니다. 그 무렵에는 한국 최초의 비행사인 안창남도 큰 인기를 누리고 있었지요. 그래서 우리 민족은 "올려보니 안창남, 굽어보니 엄복동" 이라고 노래하며 두 사람을 민족의 자랑거리로 여겼다고 합니다.

● 손기정 선수의 사진
손기정 선수의 가슴에 있던 일장기가 지워져
빈 공간이 보인다.

● 손기정 선수의 사진을 실은
《조선중앙일보》(위)와 《동아일
보》(아래)

제2차 세계대전 시작

일본의 하와이 공격으로 태평양 전쟁 시작

일본, 동남아시아 점령

일본군, 사이판 섬에서 미국에 전멸 당함

제2차 세계대전 연합국의 승리로 끝남

1939년　1941년　1942년　1944년　1945년

1945년 | 해방과 분단

나라를 되찾은 날, 마냥 기뻐할 수 없었던 사람들

시인 심훈이 '한강물이 뒤집혀 용솟음칠
그날'이라 노래하던 그날, 해방의 날이 찾아 왔습니다.
이제 민족의 한은 깨끗이 풀리고
희망찬 미래만이 남은 것일까요?

칼을 가는 동안에 적이 죽다니?

1945년 8월 중순, 중국의 서안 지방. 임시 정부의 주석최고 지도자 명칭 김구 선생은 이 지방의 관리인 축소주라는 인물을 찾았습니다. 그의 집을 방문 하여 즐거운 저녁 시간을 보내고 있었지요. 그런데 갑자기 어딘가로부터 전화가 걸려왔습니다. 잠시 뒤, 전화를 받고 돌아온 축소주의 입에서는 너 무나 놀라운 말이 흘러 나왔지요.

"일본이 항복한답니다!"

태평양 전쟁에서 미국에 밀려 후퇴를 거듭하고 있던 일본. 더 이상 견딜 힘이 없었던 일본이 마침내 항복을 한다는 것이었지요. 35년이라는 기나긴 암흑의 터널 끝에 환한 빛이 보이는 순간이었습니다.

그런데 이상했습니다. 이 소식을 듣고도 김구 선생의 얼굴에서는 기쁜 빛을 찾아볼 수 없었기 때문입니다. 오히려 김구 선생은 땅이 꺼져라 한숨 을 내쉬었습니다.

"아아, 하늘이 무너지고 땅이 꺼지는 것 같구나."

그런데 김구 선생만이 아니었습니다. 비서 역할을 하던 선우진이라는 인 물 역시 마찬가지였으니까요. 그 역시 깊은 한숨을 내쉬며 이렇게 탄식했 습니다.

"칼을 가는 동안에 적이 죽어 버렸구나!"

대체 이들은 왜 이런 반응을 보이는 걸까요? 그토록 기다리던 해방이 찾 아오고 있는데 하늘을 올려다보며 한숨이라니…… 뭔가 잘못되도 한참이 나 잘못된 게 틀림없습니다. 더구나 '칼을 가는 동안에 적이 죽어 버렸다' 라니, 이건 또 무슨 말일까요? 왠지 이 해방에는 불길한 기운이 가득한 것 만 같습니다.

남의 힘으로 얻은 광복

　당시 상황을 이해하려면 제2차 세계대전의 일부인 태평양 전쟁에 대해 알아야 합니다. 태평양 전쟁은 1941년 12월 7일 일본이 미국 하와이의 진주만을 기습 공격하면서 시작됐습니다. 하지만 미국은 곧 정신을 차리고 반격을 시작했지요. 1945년이 되자 일본이 점령한 지역을 대부분 되찾은 미국에게는 이제 일본 땅으로 진격할 일만 남았습니다. 그런데 이때 미국은 일본 땅으로 들어가는 대신 원자 폭탄을 사용하기로 결정했습니다. 또다시 벌어질 전투에서 엄청난 희생이 생길까 걱정했던 것이지요. 이렇게 하여 1945년 8월 6일에는 일본의 히로시마, 9일에는 나가사키에 원자 폭탄이 떨어지게 되었습니다. 인류 역사상 최초의 핵폭탄 공격이었습니다. 이 일로 수십 만 명이 한꺼번에 목숨을 잃었고, 도시는 잿더미가 되었습니다. 이때 일본에서 살던 우리 동포들도 4만~5만 명이나 목숨을 잃고 말았지요. 핵폭탄의 어마어마한 위력에 놀란 일본은 그 즉시 항복을 결정했습니다.

광복군의 예상보다 훨씬 빠른 시간이었지요.

김구 선생이 그렇게 탄식한 이유가 여기에 있었습니다. 5개월 전인 1945년 3월. 대한민국 임시 정부는 야심만만한 계획 한 가지를 세웠지요. 임시 정부가 지휘하는 한국광복군을 국내로 보내 일본군과 싸우게 한다는 것이었습니다. 이를 위해 미국과 손을 잡고 광복군 대원들에게 특수 훈련을 받게 하기도 했습니다.

이렇게 훈련받은 대원들은 수백 명. 우리 땅에 들어와 있던 일본군은 50만 명. '수백 명을 보내 50만 명과 싸우게 한다고요?' 아마도 여러분은 그렇게 의아해 할 겁니다. 하지만 광복군의 목표는 홀로 일본군과 싸워 이기는 것이 아니었습니다. 우리도 미국, 영국, 소련 등 연합군과 손을 잡고 함께 싸우는 모습을 보여주려 했던 것이지요. 우리도 독립을 위해 이렇게 큰 노력을 했다는 사실을 국제 사회에 널리 알리는 것이 진짜 목적이었던 것입니다.

이런 목표를 세운 데에도 이유가 있었습니다. 일본이 항복을 하면 우리 땅으로부터 물러가게 될 것입니다. 하지만 그렇다고 해서 우리 민족이 자동으로 해방이 되는 건 아니었지요. 아직 우리 땅은 일본의 영토! 일본이 물러가면 승리한 강대국들이 점령하게 될지도 몰랐던 것입니다. 그렇게 되면 우리 땅의 주인은 일본이 아닌 다른 강대국으로 바뀌게 되겠지요.

우리가 싸우는 모습을 알리는 게 중요했던 건 그 때문이었습니다. '여기 독립을 위해 싸우는 한국인들이 있으니 이 땅은 그들에게 돌려주는 것이 맞다'라고 세계가 인정하도록 만들려 했던 것이지요.

일본의 갑작스런 항복은 이 모든 계획을 망쳐 놓고 말았습니다. 광복군은 모든 준비를 마쳤지만 아직 우리 땅으로는 한 발자국도 내딛지 못했으니까요. '칼을 가는 동안에 적이 죽어 버렸'는 말은 바로 이런 상황을 두고 나온 것이었습니다. 이제 우리 민족의 앞날이 새로운 강대국들에 의해 휘둘릴 위기를 맞은 것이지요. 쨍하고 해가 떠야 할 하늘에 몰려드는 불길한 먹구름! 독립운동가들의 걱정이 현실로 나타내는 데는 그리 오랜 시간이 걸리지 않았습니다.

되찾은 민족의 빛, 그리고 그림자

어쨌든 해방은 해방이었습니다. 1945년 8월 15일, 일본의 국왕 히로히토가 항복을 선언하자, 우리 땅 전체는 기쁨과 환희로 들끓었지요. 허리 굽은 노인부터 코흘리개 아이까지, 남자, 여자를 가리지 않고 모든 사람들이 뛰쳐나와 만세를 불렀습니다. 얼싸안은 그들의 눈에는 굵은 눈물이 쏟아져 내렸지요. 기뻐해도 좋을 날이었습니다. 모든 설움과 한숨이 한순간에 찬란한 빛으로 바뀐 순간이었으니까요. 그래서 사람들은 이날을 '빛을 되찾았다' 는 뜻으로 '광복' 이라 부르게 되었지요.

하지만 그 순간에도 먹구름은 빠르게 몰려오고 있었습니다. 일본이 항복한 바로 그날, 미국과 소련은 우리 땅을 두 개로 나누기로 결정했던 것입니다. 북위 38도 선을 경계로 남쪽은 미국, 북쪽은 소련이 점령하기로 한 것이지요. 두 나라가 남과 북을 점령하고, 한반도에 남은 일본군의 무기를 빼앗은 뒤 자기 나라로 돌려보낸다는 계획이었습니다.

하지만 두 나라의 진짜 속셈은 그게 아니었습니다. 그 무렵 미국과 소련은 누가 세계에서 가장 힘센 강대국이 될 것인가를 놓고 치열하게 다투고 있었습니다. 그래서 우리 땅을 놓고서도 남과 북을 각기 점령한 채 힘을 겨루게 된 것이었지요. 진정한 독립을 꿈꾸던 우리 민족의 앞길에 미국과 소련이라는 또 다른 암초가 나타났던 것입니다.

● 광복을 기뻐하며 거리로 나온 사람들

1945년 9월 9일, 남한에는 결국 미군이 들어오게 되었습니다. 북쪽에서는 소련군이 이미 8월 말부터 들어와 자리를 잡고 있었지요. 광복과 동시에 **분단(동강이 나게 끊겨 버린다는 뜻)**의 슬픈 역사가 시작된 것입니다. 35년 만에 맞은 광복은 그렇게 반쪽짜리 기쁨이 될 수밖에 없었습니다.

✹ 소련이란 어떤 나라이고, 지금의 러시아와는 어떤 관계가 있을까?

소련으로 이름이 바뀌기 전 러시아는 로마노프 왕조가 다스리고 있었습니다. 그런데 이 왕조는 정치를 잘못 해서 많은 국민들을 힘들게 했지요. 견디다 못한 국민들은 1917년 '러시아 혁명**낡은 것을 완전히 새롭게 바꾼다는 뜻**'을 일으켜 로마노프 왕조를 쫓아냈습니다. 이 혁명을 이끈 것은 공산주의자들이었지요. '공산주의'란 쉽게 말해 '모든 사람들이 다 함께 일을 하고 생산된 물건은 똑같이 나눠 가진다'는 생각을 말합니다. 부자들이 회사를 세우고 노동자들을 고용해 일을 시키는 '자본주의'와는 정반대의 생각을 말했지요. 소련은 이런 공산주의자들이 세운 '소비에트 사회주의 공화국 연방'의 줄임말입니다. 소련은 70여 년이 지난 1991년 망하고 말았습니다. 전 세계적으로 공산주의가 자본주의와의 경쟁에서 졌기 때문입니다. 이후 소련은 다시 러시아로 이름을 바꾸고 자본주의 나라로 변신하게 됐습니다.

● 붉은 광장

지금의 러시아 모스크바에 위치한 곳으로, 소련 최초의 국가 원수인 레닌의 묘가 이곳에 있다.

● 미하일 고르바초프(1931년~)

고르바초프는 소련의 마지막 공산당 서기장이다. 소련 공산당 서기장이란 소련의 최고 통치자를 말한다.

❀ 자주독립 국가를 만들려 했지만 실패한 '건국준비위원회'

　일제의 항복을 예상하며 새 국가를 만들려는 노력은 국내에서도 이루어졌습니다. 1944년 독립 운동가 여운형 선생이 '건국동맹'이라는 단체를 만든 것이지요. 비밀리에 만들어진 이 단체에는 7만 명이라는 많은 사람들이 참여하고 있었습니다. 해방이 되자 건국동맹은 재빨리 '건국준비위원회'로 모습을 바꾸었습니다. 말 그대로 건국**나라를 세움**을 위해 여러 가지 준비를 하는 모임을 말했지요. 하지만 건국준비위원회는 오래 가지 못했습니다. 9월 9일 남한에 들어온 미군이 "조선에는 오직 미군이 세운 정부만이 있을 뿐이며 그 밖의 모든 정부는 인정할 수 없다"고 선언했기 때문입니다. 이 때문에 건국준비위원회는 물론이고, 해외에 있던 임시 정부도 한동안 국내에 들어올 수 없었습니다.

● 광복 이후 남산에 태극기를 거는 모습

● 필리핀 독립   ● 인도와 파키스탄 분리 독립   ● 이스라엘 건국   ● 중국에서 공산주의자들이 중화 인민 공화국 수립

1946년   1947년   1948년   1949년

● **1948년** | 대한민국과 조선 민주주의 인민공화국의 탄생

아아, 우리나라가 두 조각으로 찢어지다니!

그동안 마음대로 힘을 휘두르던
일제 때문에 고생 많던 한국.
드디어 일본이 물러가고
한숨을 돌리던 참에
이번에는 또 다른 세력들이
한반도를 기웃거리기
시작하는데요……

으르렁대는 남과 북

서기 676년 이루어진 신라의 삼국 통일. 후고구려, 후백제는 물론 멸망한 발해까지 받아들여 우리 민족이 비로소 완전한 하나가 됐던 고려의 후삼국 통일(936년). 그 뒤 우리 민족은 단 한 번도 갈라져 산 적이 없었습니다. 기쁜 일, 슬픈 일, 모든 즐거움과 고통을 나누며 함께 살아왔지요.

하지만 이제 우리 민족은 또 다시 갈라질 위기 앞에 놓였습니다. 임시로 그어 놓았다는 38선이 새로운 국경선**나라와 나라의 경계가 되는 선**으로 변하고 있었기 때문입니다. 소련군이 들어온 북한은 공산주의자들의 세상이 되고 있었습니다. 미군이 들어온 남한은 그들을 따르는 사람들의 세상으로 바뀌고 있었지요. 이렇게 하여 남과 북은 조그만 일에도 서로 잡아먹을 듯 으르렁대는 원수지간으로 변해갔습니다.

그런데 이런 상황에서 남과 북의 싸움을 더욱 부채질하는 사건이 터졌습니다. 1945년 12월에 소련의 모스크바에서 미국, 소련, 영국의 외무부장관 **외국과의 외교를 담당하는 장관**이 회담을 연 것입니다. '모스크바 3상 회의'라 불리는 이 회담에서는 우리 한민족의 운명에 관한 결정도 내려졌지요. 대체 어떤 결정을 내렸기에 남북한의 싸움은 더욱 커졌을까요?

모스크바 3상 회의의 결정,
신탁 통치를 두고 꼬리를 무는 싸움들

"한국은 일제 35년의 지배에서 막 벗어났기 때문에 아직 나라를 세울 능력이 없다. 그러니 미국, 소련, 영국, 중국 네 나라가 5년 동안 한국을 맡아 다스리기로 하자."

모스크바 회의에서 내려진 결정은 그것이었습니다. 이것을 역사에서는

● 신탁 통치 반대 집회
덕수궁 앞에서 신탁 통치에 반대하는 집회가 열리고 있다.

'신탁 통치'라고 부릅니다. 여기서 '신탁'은 그리스·로마 신화에 등장하는 '신의 대답'이 아니라, '믿고 맡긴다'는 뜻이지요. 한국인들은 자신의 운명을 강대국에게 믿고 맡기며, 이들 나라는 한국을 대신하여 5년 동안 나라를 다스린다는 것이었습니다.

만약 여러분이 그 무렵의 한국인이라면 어떤 생각이 들었을까요? 아마도 "35년이나 일제의 지배를 받았는데 독립이 5년 뒤로 또 미루어진다고?"라고 하며 화를 냈을 것입니다. 그렇습니다. 대부분의 남한 사람들은 결코 받아들일 수 없는 생각이라며 반대하고 나섰지요. 하지만 북한에서는 신탁 통치를 받는 게 더 좋다며 찬성하고 나섰습니다. 5년 뒤로 독립이 미루어지는 것은 아쉬운 일이었습니다만, 미국과 소련 두 나라보다는 네 나라의 다스림을 받는 게 통일에는 더욱 유리하다는 것이었지요.

이 문제를 둘러싸고 남과 북은 치열한 싸움을 벌였습니다. 결국 문제가 해결되지 않자 국제 연합UN이 나서게 되었습니다. 국제 연합은 남북한의 인구에 따라 국회 의원 총선거를 실시하고, 이들이 정부를 만들게 하자는 새로운 결정을 내렸습니다.

하지만 이번에는 북한이 반대하고 나섰습니다. 그 당시 북한의 인구는 남한의 절반 정도밖에 되지 않았습니다. 선거를 하면 남한에서는 국회 의원이 두 배나 더 많이 뽑힌다는 이야기입니다. 북한으로서는 선거를 해봐야 이길 희망이 없었던 것이지요. 결국 북한의 반대로 국제 연합의 결정도 이루어지지 않고 말았습니다.

이처럼 문제가 얽히고설켜 꼬이기만 하자 남한에서는 슬슬 다른 목소리가 나오기 시작했습니다. 북한이 반대하니 남한만이라도 선거를 실시하고 정부를 만들자는 것이었습니다. 이런 이야기를 꺼낸 사람은 미국에서 독립운동을 하다가 귀국한 이승만이었지요. 그 무렵 이승만은 대통령이 될 가능성이 가장 높은 인물이었습니다.

그러나 이승만의 이런 생각은 위험한 것이었습니다. 남한에서만 선거를 하고 정부를 만들면 북한에서도 자신만의 정부를 세울 게 뻔합니다. 그러면 남과 북의 분단은 되돌릴 수 없는 일이 될 것이기 때문이었지요. 김구 선생을 비롯한 많은 사람들이 이승만의 생각을 반대하고 나선 건 당연했습니다. 이렇게 하여 또 다른 다툼이

● **38선에 선 김구**(위)
남한의 단독 선거를 막기 위해 김구 선생(가운데)이 38선을 넘어 북으로 가고 있다.

● **선거 모습**(아래)
1948년 5월 10일 남한의 국회 의원 총선거가 실시되고 있다.

벌어지게 되었습니다.

이어지고 또 이어지는 싸움들……. 한마음 한뜻으로 힘을 모아도 자주독립 국가를 세우기에는 우리 민족의 힘이 크게 모자란 상황이었습니다. 그런데 서로 다른 생각과 갈등이 계속 이어지면서 통일 한국의 미래는 눈앞에서 점점 멀어지고 있었지요.

기어코 둘로 나뉜 우리나라

1948년 5월 10일. 남한에서는 국회 의원 총선거가 실시되었습니다. 결국 이승만의 생각이 승리한 것이지요. 많은 사람들이 이에 저항했지만 미국과 이승만의 힘을 누를 수는 없었습니다. 또한 북한 역시 자신들만의 정부를 세우기로 결정하고 있는 건 마찬가지였습니다.

선거로 뽑힌 국회 의원들은 국회를 만들고 대통령을 뽑았습니다. 그리하여 1948년 8월 15일 새로운 정부가 탄생했고, 이승만은 대한민국 초대 대통령의 자리에 올랐지요. 그러자 북한에서도 기다렸다는 듯 자신들만의 정부를 세웠습니다. 1948년 9월 9일, 김일성이라는 인물을 지도자로 한 조선민주주의 인민공화국이 들어선 것입니다. 이렇게 하여 우리 민족은 1,300여 년 만에 다시 갈라진 나라에서 살게 된 것이었지요.

여러분도 사공이 많으면 배가 산으로 간다는 속담을 알고 있나요? 우리 민족의 뱃길에 끼어든 사공은 바로 강대국들이었습니다. 이들이 감 놔라 배 놔라 간섭을 한 끝에 우리 민족을 분단의 길로 이끈 것이지요. 하지만 우리 민족의 책임도 그에 못지않았습니다. 강대국들의 횡포를 막기 위해서는 우리 민족 모두가 똘똘 뭉쳐 가시밭길을 헤쳐 나가야 했지요. 그러나 우리 민족은 강대국들의 입김에 휘둘려 오히려 더 갈라지고 싸우기만 했습니다. 결국 서로를 증오하게 된 끝에 나라는 두 조각으로 나뉘고 말았고요. 어리석은 일이었습니다. 그렇게 맞이한 분단은 70년이 다 되어가는 지금도 끝날 기미를 보이지 않고 있습니다.

◉ 친일파 처벌의 기회를 놓치다니!

미군이 남한에 들어오면서 제 세상을 만난 건 친일파들이었습니다. 미군이 우리나라를 다스리는 데 필요하다며 이들을 불러들였던 것입니다. 친일파들은 일제 시대 때 총독부의 관리나 경찰로 일한 자들이 많았기 때문이지요. 이들은 곧 언제 그랬냐는 듯 고개를 빳빳이 들고 활개를 치고 다녔습니다. 심지어 독립운동을 하던 사람들을 잡아들이고 고문하는 등 어처구니없는 행패를 부리기도 했지요. 우리 민족은 1948년 국회에 '반민족행위 특별조사위원회줄여서 '반민특위' 라고도 부릅니다' 라는 것을 만들어 이들을 처벌하기 위해 나섰습니다. 하지만 이 위원회의 활동은 실패로 돌아가고 말았지요. 자신의 권력을 지키기 위해 친일파의 힘이 필요했던 이승만 대통령의 방해 때문이었습니다. 이렇게 하여 우리 민족은 친일파들을 없애기 위해 하늘이 내려 준 기회를 그대로 날리고 말았지요.

◉ 원래 분단이 될 나라는 한국이 아니라 일본이었다고?

제2차 세계대전이 끝나며 전쟁에서 진 나라는 독일과 이탈리아, 일본 등이었습니다. 이들 중 독일은 전쟁 뒤 우리처럼 두 개의 나라로 갈라지게 되었지요. 서쪽에는 미군이 들어오고, 동쪽에는 소련군이 들어와 서독과 동독이라는 나라로 나뉘게 된 것입니다. 아시아에서도 전쟁의 책임을 지고 두 개의 나라로 갈라질 나라가 있었습니다. 바로 일본이었지요. 하지만 미국은 일본을 소련과 함께 점령하는 걸 원하지 않았습니다. 소련의 손아귀로부터 아시아를 지키는 데 일본이 꼭 필요하다고 생각한 것입니다. 그래서 미국은 일본 대신 우리나라를 선택했지요. 잘못은 일본이 저질렀는데 엉뚱하게도 매는 우리가 맞은 것입니다. 1991년 독일은 통일이 되어 다시 하나의 나라가 되었습니다. 우리만 전 세계에서 유일한 분단국가로 남게 되었지요.

❋ 안타까운 민족 지도자들의 죽음

남북한이 갈라져 티격태격 싸우는 동안 민족의 지도자들도 하나 둘씩 죽음을 맞았습니다. 먼저 독립운동가이자 통일을 위해 노력했던 몽양 여운형 선생이 1947년 7월 한지근을 비롯한 5명에게 암살당했습니다. 범인들은 남한만의 정부를 세울 것을 주장하던 사람들로 알려져 있습니다. 또 백범 김구 선생 역시 1949년 6월 목숨을 잃고 말았습니다. 그는 육군 중위였던 안두희에게 암살당했는데, 이것은 이승만의 지시였다고 전해지지요. 이승만은 국민들 사이에서 인기가 높았던 김구 선생을 자신의 경쟁자로 생각하고 미리 없애 버린 것입니다.

● 여운형(1886년~1947년)

● 김구(1876년~1949년)

인도네시아 공화국 탄생	테레사 수녀, 사랑의 선교회 설립	중화 인민 공화국, 티베트의 자치권을 인정하는 협정 체결	제1회 아시아-아프리카 회의 개최	유전자(DNA) 구조 발견
1949년	1950년	1951년	1952년	1953년

1950년~1953년 | 6·25 전쟁

남과 북, 같은 민족끼리 총을 겨눈 가장 참혹했던 전쟁

6·25 전쟁을 세계는 '한국 전쟁(Korean War)'이라고 부릅니다.
한국 전쟁은 남과 북 둘만의 싸움이 아닌,
그야말로 국제적인 전쟁이었습니다.
왜 강대국들은 우리 땅에 모여 죽고 죽이는
치열한 전쟁을 벌이게 되었을까요?

전쟁터에서 부르는 아리랑

6·25 전쟁이 한창이던 때였습니다. 북한에서 내려온 인민군이 어느 마을을 점령했지요. 인민군은 마을 주민들 가운데 국군 편에서 일했던 사람들을 찾아내어 처형하려 했습니다. 몇 명의 주민이 끌려와 나무 기둥에 묶였지요. 인민군 장교가 총을 빼든 채 말했습니다.

"마지막으로 할 말은 없는가?"

그런데 그중 한 남자의 입에서 뜻밖의 소리가 흘러나왔습니다. 유언 대신 구슬픈 〈아리랑〉의 노랫가락이 흘러나온 것이지요.

"아리랑, 아리랑, 아라리요……."

일제 시대 때문에 더욱 사랑받게 된 민족의 노래였습니다. 처형장에 구슬픈 〈아리랑〉이 울려 퍼지고 모두들 말없이 귀 기울였지요. 바로 그때였습니다. 남자를 겨누고 있던 인민군 장교의 총이 스르르 아래로 내려갔습니다. 그리고 그의 입에서는 뜻밖의 말이 흘러나왔지요.

"저 사람들을 풀어줘라."

기적 같은 일이었습니다. 민족의 영원한 애창곡 〈아리랑〉이 참혹한 학살의 현장에서 몇 사람의 생명을 구한 것입니다. 이 이야기는 6·25 전쟁 뒤 전설처럼 떠돌던 이야기의 하나입니다.

자, 이 이야기를 듣고 나니 어떤 생각이 드나요? '그럼 그렇지, 역시 우리 민족이야'라고 감탄했다고요? 전쟁은 벌였지만 그래도 그 안에는 훈훈한 동포애동포에 대한 사랑가 흘러 넘쳤을 것 같다고요? 하지만 그것은 아직 섣부른 짐작인지도 모릅니다.

전쟁의 시작에서 휴전까지

1948년 나라가 둘로 갈라진 뒤 우리 민족은 전쟁을 향해 빠르게 달려갔습니다. 남북한 모두 서로를 전쟁을 통해서라도 무릎 꿇려야 할 상대로 생각했던 것이지요. 나라 주변의 상황도 이상하게 흘러가기는 마찬가지였습니다. 미국과 소련은 우리 땅에서 한 치의 양보도 없이 힘겨루기를 계속하고 있었습니다. 이웃 나라인 중국 땅에서는 또 하나의 공산주의 국가가 탄생했지요. 강대국들은 여차하면 우리 국토에서 한판 전쟁이라도 벌일 기세였습니다.

그런데 이것은 공연한 걱정이 아니었습니다. 1950년 6월 25일 새벽. 38선에서는 요란한 대포 소리가 들려 왔습니다. 소련과 중국을 등에 업은 북한의 김일성이 마침내 남한에 대한 공격 명령을 내린 것이지요. 이로써 3년 1개월간에 걸친 피비린내 나는 6·25 전쟁**한국 전쟁**이 시작되고 말았습니다.

전쟁은 남북한의 팽팽한 대결로 흘렀습니다. 처음에는 북한이 유리한 듯 보였지만, 곧 국군을 비롯한 유엔군이 반격에 나섰습니다. 이 무렵 국제 연합은 미국을 비롯한 16개 나라의 군대를 보내 남한을 돕도록 했지요. 이들은 국군과 함께 압록강까지 밀고 올라가 통일을 코앞에 남겨 두기도 했습니다. 하지만 통일에 대한 기대는 곧 물거품이 되고 말았습니다. 중국군 수십만 명이 북한을 돕기 위해 밀고 내려왔으니까요. 결국 양쪽 군대는 한반도의 허리 부분인 38선 부근을 무대로 밀고 밀리는 싸움을 거듭하게 되었습니다.

그러나 전투를 치를수록 한 가지 사실이 분명해졌습니다. 어느 한쪽도 상대방을 완벽하게 누를 힘이 없다는 사실이었습니다. 그래서 이제 그만 전쟁을 끝내자는 목소리가 양쪽 군대 모두에서 높아졌지요. 결국 1951년 7월 10일 소련의 제의로 전쟁을 멈추기 위한 첫 번째 회담이 열리게 되었습니다. 물론 이 회담도 쉽지만은 않았습니다. 처음 이야기가 나온 뒤 무려 765차례나 회의를 연 끝에 간신히 휴전전쟁을 잠시 동안 멈추기로 함하기로 결정했으니까요.

1953년 7월 27일 오전 10시 9분. 우리 땅을 뒤흔들었던 총소리는 마침내 멈추었습니다. 비극의 원인이 된 38선은 휴전선으로 바뀌었지요. 총소리가 멈춘 그 순간 점령하고 있던 자리가 새로운 경계선이 된 것입니다. 이긴 자도 없고 패배한 자도 없는 전쟁. 아니 모두가 비참한 패배자가 된 의미 없는 전쟁이었습니다.

역사상 가장 참혹했던 전쟁

전쟁이 남긴 피해는 너무나 어마어마했습니다. 아름다운 우리 국토는 완전히 잿더미가 되고 너무나 많은 생명이 죽어갔으니까요. 6·25 전쟁 때문에 죽은 사람은 남북한 인구의 10분의 1이 넘었습니다. 3천만 명 중 3백~4백만 명이 죽은 것이지요.

국군 62만 명, 북한 인민군 93만 명, 남북한 국민 250만 명, 여기에 유엔군 16만 명과 중국군 100만 명을 더하면 그 숫자는 더욱 불어납니다. 또 남편을 잃

● 탱크 앞에 선 아이를 업은 소녀

은 여성 30만 명, 전쟁고아 10만 명, 이산가족남과 북으로 갈라져 만나지 못하게 된 가족 1천만 명 등, 헤아릴 수도 없는 피해였습니다. 그래서 6·25 전쟁은 짧은 기간에 끝난 전쟁 중 역사상 가장 참혹한 전쟁으로 평가받고 있지요.

여기에 남과 북 모두가 저질렀던 양민 학살은 전쟁의 참혹함을 더해 주었습니다. 남은 북을 도왔다는 이유로, 북은 남을 도왔다는 이유로 죄없는 국

● 전쟁에 참가하고 있는 군인들

민들을 마구 처형했던 것입니다. 앞에 나온 〈아리랑〉의 이야기도 바로 그런 과정에서 생긴 일이었지요.

단군 할아버지의 한 자손으로 반만 년을 살아온 우리 민족. 그런 우리가 생각이 다르고, 미워하게 됐다고 해서 서로를 잔인하게 죽일 이유가 있었을까요? 아마도 그것은 전쟁이라는 비극이 모두를 악마로 만들었기 때문에 생긴 일이었겠지요. 제정신으로는 도저히 할 수 없는 일이었으니까요.

6·25 전쟁이 남긴 교훈도 바로 여기에 있습니다. 남북한의 전쟁은 아직 끝나지 않았지요. 휴전이란 전쟁을 끝낸 것이 아니라 잠시 쉬고 있다는 뜻이니까요. 또 다시 전쟁이 일어난다면 몇 배나 더 큰 희생이 생길 것은 뻔한 일입니다. 그리고 우리는 다시 한 번 전쟁의 악마가 되어 서로를 죽일지도 모르겠지요. 6·25 전쟁은 어떤 일이 있어도 전쟁만은 막아야 한다는 뼈아픈 교훈을 남겼습니다.

〈아리랑〉 노래의 의미를 되새겨 보는 것이 중요한 이유도 바로 그것입니다. 크고 작은 모든 차이를 뛰어넘어 함께 부르는 것만으로도 우리 민족을 하나로 만들어주는 노래. 그런 〈아리랑〉의 의미 속으로 돌아가 남북한도 이제 그만 총을 내려놓아야 한다는 것이지요. 그날의 〈아리랑〉이 몇 사람의 목숨을 구했듯, 이제는 이 노래로 하여금 민족의 평화와 통일을 위한 기적을 낳을 수 있게 만드는 것이 우리의 몫이 아닐까요?

❀ 6·25 전쟁으로 되살아난 일본

우리 민족의 분단과 전쟁에 가장 큰 책임이 있는 나라는 바로 일본입니다. 일제 시대가 없었다면 분단도 없었고, 또 그러면 전쟁도 없었을 것이기 때문이지요. 어이없는 사실은 태평양 전쟁으로 망한 일본을 되살린 것이 바로 6·25 전쟁이었다는 사실입니다. 전쟁 기간 동안 일본은 한국에 막대한 전쟁 물자를 팔아 돈을 벌어들였지요. 그것으로 경제를 살려 오늘날 세계 2~3위를 다투는 잘 사는 나라가 되었던 것입니다. 우리 민족을 지옥으로 몰아넣고도 또 다시 우리의 비극을 이용해 잘 먹고 잘살게 되었다니……! 정말 얄미운 나라 아닌가요?

❀ 한국 전쟁에 참가한 16개 나라의 군인들

전쟁에 참여하여 남한을 도운 유엔군은 16개의 나라로 이루어져 있습니다. 하나하나 살펴보면 그리스, 남아연방공화국, 네덜란드, 뉴질랜드, 룩셈부르크, 미국, 벨기에, 영국, 에티오피아, 캐나다, 콜롬비아, 태국, 터키, 프랑스, 필리핀, 호주입니다. 또 소련과 중국은 북한을 돕기 위해 전쟁에 참여했지요. 이 중 중국은 전쟁 기간 동안 가장 많은 군인 사망자를 낳기도 했습니다.

● 유엔군 사령관 맥아더 장군
당시 유엔군 사령관인 맥아더 장군이 인천 상륙 작전의 상황을 보고 있다.

알제리 독립 전쟁 시작	모로코, 튀니지 독립	소련, 최초의 우주선 스푸트니크호 발사	소련, 우주 탐사선 루나 2호 발사. 달에 도착	미국에서 존 F. 케네디 대통령 당선
1954년	1956년	1957년	1959년	1960년

1960년 | 4·19 혁명

죽음을 각오하고 민주주의를 지키기 위해 나선 학생들!

학교에서 반장 선거를 한 적이 있지요?
학급의 인원이 30명인데 총 35표를 얻고 반장이 될 수도 있나요?
그런데 이렇게 이상한 일이 대통령 선거에서 벌어지다니, 대체 무슨 일일까요?

그날 낚시꾼이 건져 올린 것은?

"어라, 이거 제법 묵직한데……."

1960년 4월 11일 정오경 마산 앞바다. 낚시꾼은 흥분하고 있었습니다. 줄이 팽팽하게 당겨지며 손에 전해지는 묵직한 이 느낌! 오랜만에 큰 물고기라도 낚아 올릴 것만 같았던 것이지요. 손아귀에 힘을 주며 줄을 감기 시작했습니다. 저만치 바다에서 검은 물체가 끌려 나오는 모습이 보였습니다. 그런데 물체가 가까워질수록 낚시꾼의 얼굴은 공포로 하얗게 질리고 말았습니다. 끌려 나온 물체는 물고기가 아니라 사람이었기 때문입니다.

낚싯줄에 걸려나온 건 어린 학생의 시체였습니다. 김주열. 지난 3월 15일 실종되었던 마산 상업 고등학교 1학년 학생. 그는 약 한 달 만인 이날 시체로 발견된 것이지요. 그런데 더욱 놀라운 건 그의 모습이었습니다. 왼쪽 눈에 커다란 **최루탄**시위하는 사람들을 해산시키기 위해 독한 가스나 가루를 넣은 탄약이 박혀 있었기 때문입니다. 몸에 돌이 묶인 흔적 역시 누군가 그를 죽였다는 사실을 분명히 말해주고 있었지요.

아직은 푸른 꿈을 꾸며 공부에 열중해야 할 고등학교 1학년 학생. 그는 왜 이런 참혹한 모습으로 죽어 있었던 것일까요? 또 그를 죽이고 바다에 던진 범인들은 누구였을까요?

"못살겠다, 갈아엎자!"

6·25 전쟁이 끝난 뒤 우리나라는 비참한 시간을 보내고 있었습니다. 미국이 보내주는 원조 물자**도와주기 위해 보내는 여러 가지 물건들**가 아니면 살아갈 수 없는 나라. 한마디로 우리는 요즘 세계의 도움을 받는 아프리카와 비슷한 처지에 있었습니다.

"젊은 사람들은 희망을 잃었다. 부자는 점점 부자가 되고 가난한 사람은 점점 가난해진다. 또 옳은 것을 지키려는 사람들은 따돌림을 당하거나 쫓겨나고 있다. 자신을 위해 잘못된 행동마저 서슴지 않는 사람만이 성공하는 사회가 되어 버렸다. 그렇기 때문에 한국에는 오래지 않아 큰일이 벌어질 것이다."

● 이승만(1875년~1965년)
대한민국의 초대 대통령이다. 오스트리아 출신 여성 프란체스카와 결혼했으며 제2대, 제3대 대통령에 연임되었다.

그 무렵 미국의 어느 연구소가 우리나라에 대해 한 말입니다. 그처럼 한국은 세계에서 가장 가난하고, 가장 불평등하고, 가장 부패한 나라였습니다. 국민들이 깊은 절망에 빠지지 않을 수 없는 나라였지요.

그런데도 정치가들은 정신을 차리지 못하고 있었습니다. 1948년 뽑힌 이승만 대통령은 벌써 12년째 그 자리에 머물고 있었습니다. 그 무렵 그는 85세의 노인이었는데도 여전히 대통령 자리를 욕심내고 있었지요. 이를 위해 그는 헌법도 제 마음대로 고치고 부정 선거도 저지르는 등 독재 정치 **모든 권력을 손에 쥐고 자기 마음대로 휘두르는 정치**를 마음껏 펼치고 있었지요. 그 밑의 장관이며 다른 관리들도 마찬가지였습니다. 이들은 대부분 이승만 대통령에게 아첨을 하며 자기 자리를 지켰습니다. 그러면서 뒤로는 나쁜 기업가들과 한통속이 되어 원조 물자를 빼돌린 채 자기 배를 채웠지요. 나라 전체에 썩은 냄새가 진동하는 상황이었던 것입니다.

국민들의 입에서는 마침내 "못 살겠다, 갈아보자!"는 외침이 터져 나왔습니다. 더 이상 이런 상황을 참을 수 없었던 것이지요. 마침 1960년 3월 15일에는 대통령을 뽑는 선거가 있었습니다. 국민들은 이 선거를 통해 이승만 정권의 잘못을 심판하겠다며 단단히 벼르고 있었지요. 새로운 정부를 뽑아 썩어 빠진 이승만 정권을 몰아내려 한 것입니다.

그런데 눈치 빠른 이승만 정권이 이 사실을 모를 리 없었습니다. 아무리 해도 선거에서 이길 가망이 없자, 이들은 최후의 방법을 사용했지요. 다시 한 번 부정 선거를 저질렀던 것입니다. 이렇게 하여 나온 선거 결과는 100퍼센트도 아니고 120퍼센트의 찬성이었습니다. 전체 국민들의 표가 100표라면 이승만 대통령이 얻은 표가 120표가 넘는 이상한 꼴이었지요. 초등학교 반장 선거보다도 못한 대통령 선거였습니다. 어린아이 장난 같은 일이었지요.

국민들은 이 선거를 '3·15 부정 선거' 라 부르며 거세게 항의하기 시작했습니다. 부정 선거를 저지른 사람을 처벌하고 선거를 다시 치르자는 것이었지요. 특히 마산 지역에서는 수만 명의 시민들이 거리로 몰려나와 시위를 벌였습니다.

김주열 학생이 처참하게 죽은 것은 바로 이날의 시위 과정에서였습니다. 그의 죽음을 숨기기 위해 바다에 던져 넣었던 건 바로 이승만 정권의 경찰이었고요. 하지만 그의 시체가 발견되면서 상황은 크게 바뀌게 되었습니다. 어린 학생마저 죽음으로 몰아넣은 이승만 정권에 대한 분노가 하늘을 찌르게 된 것이지요. 터지기만을 기다리던 화약 창고에 불씨가 던져진 셈이었습니다. '큰일이 벌어질 것'이라는 미국 연구소의 예언이 맞아떨어지게 된 것입니다.

역사를 바꾼 어린 학생들의 힘

제일 먼저 앞으로 나선 것은 어린 학생들이었습니다. 같은 학생의 죽음을 본 이들은 "썩은 정치를 바로잡자"고 외치며 어른들의 잘못을 꾸짖고 나

● 4·19 혁명
이승만 정권의 독재 정치와 부정 선거에 항의하는
시민들이 탱크를 밟고 올라서 있다.

섰습니다. 어른들이 못한다면 우리들이라도 이 나라와 민주주의를 지켜야 한다는 것이었지요. 그러자 어린 학생들의 용기에 감동받은 대학생들이 나섰습니다. 민주주의를 사랑하는 시민들도 함께 힘을 보탰습니다.

4월 19일, 이들은 하나가 되어 경무대**지금의 청와대**를 찾아가 이승만 대통령에게 국민의 뜻을 전달하기로 했습니다. 하지만 그들을 기다리는 건 이승만 대통령이 아니라 경찰의 총이었습니다. 사람들을 해산시키기 위해서는 총을 쏴도 좋다는 허락이 떨어졌던 것이지요.

탕, 탕, 탕! 사방을 울리는 총소리와 함께 사람들이 쓰러지기 시작했습니다. 거리는 붉은 피로 물들어 버렸지요. 이렇게 죽은 사람들은 4월 19일 하루 동안 전국적으로 111명이나 되었습니다. 부상당한 사람도 558명이나 되었지요. 또 죽은 이들 가운데는 수송 초등학교 6학년 전한승 군과 한성 여자 중학교 2학년 진영숙 양처럼 나이 어린 학생들도 포함되어 있었습니다.

하지만 이날의 총소리는 이승만 정권의 최후를 알리는 신호탄이기도 했습니다. 어느 결에 수십 만 명으로 불어난 시위대가 이승만 대통령의 하야**높은 자리에서 물러나 평범한 사람이 된다는 뜻**를 외치며 거리거리를 누비게 된 것이지요. 결국 이승만과 그의 정부, 여당인 자유당은 국민에게 항복하지 않을 수 없었습니다. 자유를 사랑하는 국민들이 해방 이후 첫 번째 위대한 승리를 거두게 된 것입니다.

세상에 널리 알려진 말 중에 "민주주의는 피를 먹고 자란다"는 것이 있습니다. 그만큼 민주주의를 꽃피우는 데에는 많은 사람들의 희생이 필요하다는 뜻입니다. 우리 대한민국에서도 민주주의를 위해 피를 흘린 사람이 많습니다. 그중에서도 누구보다 용기 있게 앞으로 나서서 싸웠던 건 바로 학생들이었지요. 이들은 잘못된 일에 맞서 싸우는 일에는 어린 나이도 아무 문제가 되지 않는다는 사실을 잘 보여주었습니다.

　죽음을 각오하고 힘껏 싸운 그날의 학생들. 김주열을 비롯한 수많은 그들이 아니었다면, 우리의 민주주의는 더욱 험한 길을 헤치고 나아가야 했을 것입니다.

✸ 수학자까지 동원해서 헌법을 뜯어고친 이승만 대통령

대통령 자리를 지키기 위해 이승만이 사용한 방법은 상상을 초월했습니다. 1954년에 일어난 사건도 그 가운데 하나였지요. 이때 이승만은 한 사람이 3번 연속으로 대통령을 할 수 없도록 한 헌법을 고치게 했습니다. 할 수 있을 때까지 계속 대통령 자리에 있으려는 속셈이었습니다.

헌법을 바꾸기 위해서는 전체 국회 의원 중 3분의 2의 찬성이 필요했습니다. 그런데 막상 1표가 부족한 135표만 나왔지요. 그러자 이승만 정권은 최윤식이라는 수학자까지 데리고 나와 억지 주장을 폈습니다. 원래 전체 국회 의원 203명의 3분의 2는 135.3이라는 숫자가 나옵니다. 그런데 여기서 0.3은 한 사람으로 칠 수 없으니 135명만 찬성해도 된다는 것이었지요. 원래대로라면 반드시 135명보다 많아야 하니 136명이 찬성해야 하는 게 맞습니다. 이렇게 억지 주장을 밀어붙일 만큼 이승만 대통령의 독재 정치는 제멋대로였지요. 결국 4·19 혁명으로 대통령 자리에서 쫓겨난 그는 하와이로 망명을 떠나 쓸쓸하게 죽었습니다.

✸ 4·19 혁명 때 죽은 여중생의 유언이 남아 있다고?

4·19 혁명 당시 눈을 감은 진영숙 양은 한성 여자 중학교 2학년 학생이었습니다. 아기 때 아버지를 잃고 장사를 하는 홀어머니와 함께 살았지요. 진 양은 4·19 혁명이 일어나자 친구들과 함께 시위에 나서기로 했습니다. 학교에서 돌아와 어머니를 기다렸지만 돌아오지 않자 편지를 남기고 집을 나섰지요. 그 편지는 결국 마지막 유서가 되고 말았습니다. 시위 도중 버스에서 차창 밖으로 머리를 내민 채 구호를 외치던 진영숙 양은 미아리 고개에서 그만 총에 맞아 숨지고 말았습니다. 다음은 진영숙 양이 남긴 편지의 내용입니다.

어머니께.

시간이 없어서 어머니를 뵙지 못하고 떠납니다. 끝까지 부정 선거와 싸우겠습니다. 지금 저와 저의 모든 친구들 그리고 대한민국 모든 학생들은 우리나라 민주주의를 위해 피를 흘립니다. 어머니 저를 나무라지 마세요. 저는 아직 철이 없는 줄 잘 압니다. 그러나 국가와 민족을 위하는 길이 어떻다는 것을 잘 알고 있습니다. 저의 모든 학우들은 죽음을 각오하고 나간 것입니다. 저는 생명을 바쳐 싸우려고 합니다. 어머니는 저를 사랑하시는 마음으로 무척 비통하게 생각하시겠지만, 온 겨레의 앞날과 민족의 해방을 위하여 기뻐해 주세요.

소련의 유리 가가린, 최초의 우주 비행사가 됨

미국, 베트남 전쟁 시작

중국, 문화 대혁명 시작

전 세계적인 석유 위기 발생

베트남 전쟁, 미국의 패배로 막을 내림

1961년   1965년   1966년   1973년   1976년

1961년~1979년 | 5·16 군사 정변과 박정희의 독재 정치

대한민국을 뒤흔든 현대판 무신정권의 시대

1961년 5월 16일, 커다란 탱크가 한강 다리를 건너 서울 한복판에 나타났습니다.
그런데 이 탱크는 다른 나라도 아닌 우리 대한민국의 탱크였습니다.
혹시 우리나라 군대가 우리나라에 쳐들어오기라도 한 걸까요?

800년 만에 다시 돌아온 역사

여러분, 잠깐 타임머신을 타고 고려 시대로 되돌아가 봅시다. 고려 시대 중에서도 임금들이 점차 힘을 잃고 나라의 위기가 시작되던 12세기 말로 말이지요. 그때의 역사로 돌아가면 우리는 낯익은 풍경 하나를 발견할 수 있습니다. 바로 '무신정권'이 들어선 때이지요. 천대받던 고려의 무신들이 반란을 일으켜 조정을 피로 물들이고 나라를 쥐락펴락하던 모습이 떠오르지 않나요?

1170년 시작된 무신정권은 1270년까지 딱 100년 동안 이어졌습니다. 그리고 우리 역사 속에서 무신들은 다시는 권력을 잡지 못했지요. 고려 왕조의 남은 기간은 물론 조선 왕조 500년, 그리고 대한민국 정부가 들어서기까지 말입니다.

하지만 '역사는 되풀이된다'는 말처럼, 1961년 우리나라에는 다시 무신들의 시대가 시작되었습니다. 물론 이때의 무신들은 국군이라 불리는 대한민국의 군인들이었지요. 그해 5월 16일, 이들은 탱크를 이끌고 서울로 쳐들어와 권력을 움켜잡았습니다. 800년 만에 우리 역사에서 무신정권이 다시 등장한 순간이었지요.

자, 그러면 '현대판 무신 시대'를 열어젖힌 이 군인들의 정체는 무엇일까요? 또 이들에 의해 대한민국의 역사는 어디로 흘러가게 되었을까요?

폭풍우 앞의 조각배 신세가 된 나라, 기회를 노리는 군인들의 속셈은?

4·19 혁명이 일어난 지 1년. 그 사이 국민들은 큰 희망에 부풀어 있었습니다. 이제 독재 정권을 몰아냈으니 민주주의가 꽃피고 국민들의 살림살이

도 크게 나아질 거라고 생각했던 것이지요. 하지만 그것은 헛된 꿈이었습니다. 혁명 이후에도 바뀐 것은 아무 것도 없었기 때문입니다. 민주주의는 여전히 먼 나라의 이야기였고, 지긋지긋한 가난도 끝날 기미를 보이지 않았지요.

상황이 이렇게 된 데에는 4·19 혁명 뒤 들어선 정부의 책임이 컸습니다. 이 무렵에는 이승만 대통령의 자유당을 대신해 민주당 정부가 들어서 있었지요. 새로 뽑힌 윤보선 대통령과 장면 국무총리는 모두 민주당 출신이었습니다.

하지만 민주당 정부는 국민들의 기대를 전혀 채워 주지 못했습니다. 오히려 윤보선 대통령파와 장면 국무총리파가 권력을 놓고 싸우기만 했지요. 이들이 싸움에 열중하는 사이, 이승만 정권 때부터 들끓었던 부정과 부패는 여전히 이어지고 있었습니다. 나라의 경제도 뒷걸음질 치고 있을 뿐이었지요.

국민들의 분노는 하늘을 찌를 듯했습니다. 이제는 4·19 혁명보다 더 큰 변화가 필요하다는 소리가 튀어나왔습니다. 누군가 앞으로 나서 나라 안에 가득한 무질서를 뒤집어엎고 새로운 정부를 이끌어야 한다는 것이었지요.

그런데 이런 생각을 품은 것은 국민들만이 아니었습니다. 군대 안에서도 똑같은 생각을 하는 군인들이 있었던 것이지요. 박정희 소장**별 두 개짜리 장군 계급**과 그에게 충성을 다짐한 부하들이 바로 그들이었습니다. 이들은 기회가 있을 때마다 모임을 갖고 나라의 사정을 살피며 앞으로 나설 때만을 기다렸습니다. 대한민국의 운명이 폭풍우 앞의 조각배 신세가 되고 만 것입니다.

1961년 5월 16일 새벽, 마침내 운명의 시간이 다가왔습니다. 박정희 소장과 부하들이 이끄는 3,500여 명의 군인들이 한강 다리를 건너 서울로 쳐들어온 것입니다. 다리를 지키던 병사들은 정지할 것을 명령했지만 되돌아온 것은 총탄이었습니다. 이 총탄에 의해 두 명의 병사가 쓰러지고 10여 명이 부상을 입었습니다. 결국 이들은 같은 국군의 가슴에 총을 쏘며 권력을 잡기 위한 반란에 나선 것이지요.

● 박정희(1917년~1979년)
군인 출신의 정치가로 5·16 군사 정변을 주도했다.

한강 다리를 건넌 이들은 제일 먼저 방송국을 점령하고 새로운 혁명이 성공했음을 알렸습니다. 그러고는 정부와 국회, 사법부 등 모든 것을 손에 넣었지요. 800년 만에 군인 정치의 시대가 다시 시작된 것입니다. 역사에서는 1961년 5월 16일 일어난 이 사건을 '5·16 군사 정변'이라 부르고 있지요. 이후 군인 정치의 시대는 짧게 보면 18년, 길게 보면 30년 동안이나 이어지게 되었습니다.

한 마리 말로 달려가는 나라, 민주주의는 어디에?

'5·16 군사 정변' 이후 우리나라는 엄청난 변화를 겪게 되었지요. 우리나라의 현대사는 5·16 이전과 이후로 나뉜다는 말이 나올 정도로 큰 변화였습니다. 우선 박정희 정권 아래서 우리나라의 경제는 크게 발전했습니다. '경제 개발 계획'을 세워 산업을 발전시킨 결과 세계 10위권에 오르는 번영의 밑바탕을 마련했지요. 세계는 박정희 정권이 이룩한 경제 발전을 '한강의 기적'이라고 부르며 높이 칭송했습니다. 이런 경제 발전이야말로 박정희 정권이 쌓아 올린 가장 큰 업적이었습니다.

하지만 화려한 성과 뒤에는 짙은 그림자가 드리워져 있었습니다. 무엇보다 큰 문제는 박정희 정권이 민주주의를 무참히 짓밟았다는 사실이었지요. 군사 정변이란 것부터가 군인들이 법을 어기며 저지른 것이었으니 당연한 일인지도 몰랐습니다. 이들은 자신들에 반대하거나 민주주의를 외치는 사람들을 잔혹하게 처벌했습니다. 수천 명의 사람들이 감옥에 끌려가거나 처형장의 이슬로 사라졌지요. 국민들의 자유로운 삶이 불가능한 꿈으로 변해 버린 것입니다. 경제 발전 역시 마찬가지였습니다. 이것 역시 가난한 노동자와 농민들의 피와 땀을 쥐어짜는 방법으로 이루었기 때문이지요. 그 결과 부자들만이 더욱 큰 혜택을 입게 되었습니다.

국민들의 분노와 항의는 점차 거세졌습니다. 4·19 혁명을 이룩한 국민들은 이미 자기가 살고 싶은 나라에 대한 뚜렷한 생각을 가지고 있었지요. 그것은 바로 경제 발전과 민주주의라는 두 마리 말이 이끄는 나라였습니다. 그런데 박정희 정권이 만들어 가는 대한민국은 경제 발전이라는 한 마리 말로만 달려가는 이상한 나라였지요. 처음에는 환호성을 질렀던 국민들이 곧 실망과 분노의 목소리를 높인 것은 당연한 일이었습니다.

그 옛날 무신정권은 고려 사회의 문제점을 극복한다며 출발했습니다. 하지만 이들은 고려의 백성보다는 자신들만을 위한 정치를 펴다가 결국 비극을 맞고 말았지요. 800년 만에 나타난 현대의 무신정권도 마찬가지였습니다. 나라를 구하겠다며 제자리를 뛰쳐나왔지만 이들 역시 국민보다는 자신을 위한 정치에 모든 힘을 쏟았기 때문입니다. 결국 이들의 앞에도 고려 시대 무신정권과 같은 비극적인 운명이 다가오고 있었습니다.

❂ 친일파, 공산주의자, 대한민국 대통령! 박정희의 세 얼굴

1917년 태어난 박정희는 일제 시대 때 교사로 일했던 인물입니다. 그러나 어려서부터 권력 욕심이 남달랐던 그는 출세를 위해 일본 군인이 되었습니다. 일본의 군사 학교에 입학해 군인이 된 것이지요. 이때 나이가 많아서 입학할 수 없게 되자 일본 천황에게 충성하겠다는 혈서**피로 쓴 글**를 쓴 일까지 있습니다. 일본군 장교가 된 뒤로는 만주에서 독립군을 토벌하는 일을 하기도 했습니다. 해방이 되자 이번에 그는 군대 안에서 공산당을 위해 일했습니다. 그러다가 체포되어 죽을 고비를 맞았지요. 이때 그는 함께 일하던 동료들을 고발해 그 고비를 넘기기도 했습니다. 6·25 전쟁이 일어나자 다시 군대로 돌아온 박정희는 나중에 장군 자리에까지 올랐지요. 또 5·16 군사 정변에 성공한 뒤에는 1963년 대통령 선거에서 당선돼 1979년 죽을 때까지 자리를 지켰습니다. 좋은 의미로나 나쁜 의미로나 그는 우리나라 현대 역사에 가장 큰 영향을 미친 인물이었습니다.

❂ 새로울 것이 없는 '10월 유신'

1972년 박정희는 계엄령**나라에 중대한 일이 생겼을 때 헌법을 정지하고 군대가 정치를 대신하는 것**을 선포하고 '10월 유신'을 시작했습니다. '유신'이란 낡은 제도 따위를 완전히 고쳐 새롭게 하는 것을 말하지요. 그해 10월에 시작되어서 '10월 유신'이란 이름이 붙었습니다. 이 일로 대통령의 힘은 더욱 강해졌습니다. 국회 의원도 마음대로 뽑을 수 있었고, 이들에게 대통령 선거를 맡겨 쉽게 자리를 지킬 수도 있게 되었습니다. 그와 함께 대통령의 명령 한마디면 임금의 명령처럼 무슨 일이든 가능하게 만들 수 있는 시대가 되었지요. 모든 것을 새롭게 한다지만 그것은 낯익은 독재 정치의 모습일 뿐이었습니다.

한편 10월 유신 이후 박정희 정권에 저항하는 사람들은 더욱 심한 처벌을 받았습니다. 수많은 사람들이 감옥에 끌려간 것은 물론 어떤 때는 의문의 죽음을 맞기도 했지요. 언론인이었던 장준하, 대학교수였던 최종길 등은 민주주의를 위해 싸우다가 암살당한 대표적인 인물입니다. 또 청계천 시장에서 일하던 노동자 전태일처럼 박정희 정권의 횡포에 저항해 스스로 목숨을 끊은 사람도 나왔습니다.

그때 세계는

● 이란–이라크 전쟁 시작

● 영국과 아르헨티나 사이에 포클랜드 전쟁 발생

● 영국에서 광우병 의심 소가 최초로 발견됨

● 미국의 마이크로소프트 사, 윈도우 1.0 출시

● 소련의 체르노빌 원자력 발전소에서 방사능 유출 사고

1980년　1982년　1984년　1985년　1986년

◎ 1980년 | 5·18 광주 민주화 운동

이럴 수가, 대한민국 국군이 시민들을 죽이다니!

긴 겨울을 이겨 내고 찾아온 봄은 너무 짧아 아쉽기만 합니다.
피 흘려 얻어 낸 '민주주의의 봄'도 그러했나 봅니다.
대한민국을 또 다시 독재의 칼바람 속으로 몰아넣은 이는 누구일까요?

궁정동에서 울린 의문의 총소리

1979년 10월 26일 늦은 밤. 대한민국을 뒤흔든 커다란 사건이 터졌습니다. 서울 궁정동에 있는 한 비밀 저택에서 술을 마시던 박정희. 그가 부하이던 중앙정보부장 김재규의 총에 맞아 죽은 것이지요. 술자리에서의 다툼 끝에 김재규는 자신이 오랫동안 모셔온 박정희를 죽이고 만 것입니다. 18년 동안의 기나긴 독재 정치가 끝나는 순간이었지요. 영원히 대통령일 것만 같았던 박정희의 최후도 그렇게 허무한 것이었습니다.

이날의 사건은 박정희 자신에게는 큰 비극이었습니다. 하지만 국민들에게는 그렇지 않았지요. 이제야 비로소 자유로운 민주주의 사회로의 길이 열린 듯했으니까요. 그래서 사람들은 이 사건 이후 우리나라가 '민주주의의 봄'을 맞았다고 기뻐했습니다.

하지만 그것은 아직 섣부른 기대일 뿐이었습니다. 국민들이 알아차리지 못하는 사이 또 다른 겨울의 찬바람이 몰려오고 있었으니까요. 그 겨울바람은 우리 현대 역사에서 가장 큰 비극으로 알려진 어떤 사건과 함께 조용히 다가오고 있었지요. 민주주의의 봄을 단숨에 겨울 왕국으로 바꿔버린 차갑고 시린 바람이었습니다.

계엄령에 된서리를 맞은 민주주의, 광주의 시민들이 나섰다!

전두환. 새로운 비극은 그 이름과 함께 시작되었습니다. 그는 '박정희의 양아들'로 알려진 별 두 개짜리 장군이었지요. 박정희 못지않게 권력 욕심으로 가득한 인물이었습니다. 어쩌면 그랬기 때문에 박정희의 사랑을 받았는지도 모를 일이었지요.

● 12·12 군사 반란에 맞서 시위를 벌이는 광주의 시민들

　1979년 12월 12일 밤. 계엄 사령관 정승화 장군이 머물던 집에서 찢어지는 듯한 총소리가 울려 퍼졌습니다. 그 무렵 계엄 사령관은 죽은 대통령을 대신해서 나라를 이끌고 있었지요. 그런 그의 집에서 총소리가 났다는 것은 나라에 큰 일이 벌어졌음을 알리는 것이었습니다.

　도대체 어떤 일이었을까요? 전두환과 그를 따르던 군인들이 반란을 일으킨 것이었습니다. 18년 전 박정희가 걸었던 그 길이 또 다시 열리게 된 것이었지요. 계엄 사령관 정승화는 이들에 의해 체포되었습니다. 그리고 대한민국의 모든 권력은 전두환과 그 부하들의 손에 넘어가버렸지요. 역사에 '12·12 군사 반란'이라 이름 붙여진 사건이 벌어졌던 것입니다. 애써 꽃망울을 피워 올리던 민주주의가 된서리를 맞은 순간이었습니다.

　하지만 그것으로 끝난 게 아니었습니다. 이듬해인 1980년 5월 17일. 전두환과 부하들은 다시 한 번 계엄령을 내렸기 때문입니다. 자신에 대한 비

● 시민들을 상대로 무장한 계엄군

판의 목소리가 높아지자 이를 완전히 잠재우려 했던 것이었지요. 권력을 잡는 데 방해가 되는 모든 것을 철저히 쓸어 버리겠다는 속셈이었습니다. 계엄령이 내려지자 그에게 저항하던 학생과 시민들은 무더기로 체포되었습니다. 또 그들이 벌이던 시위도 쥐죽은 듯 조용해졌지요.

하지만 오직 한 곳만은 그렇지 않았습니다. 전라남도의 도청이 있는 광주시가 그곳이었지요. 계엄령이 내려진 다음날인 5월 18일, 전남 대학교 앞에는 삼삼오오 학생들이 모여들었습니다. 계엄령이 내려졌지만 민주주의를 위한 싸움을 멈추지 않겠다는 뜻이었지요. 학교는 이미 공수 부대원들이 점령하고 있었습니다. 학교 앞에서는 곧 학생과 군인들 사이에서 충돌이 벌어졌지요.

그런데 이상한 일이었습니다. 학생들을 붙잡은 군인들은 시위를 막기 위해서가 아니라 사람을 죽일 것처럼 몽둥이를 휘둘렀기 때문입니다. 그런데 이곳에서만이 아니었습니다. 광주 시내에서의 시위를 막기 위해 출동한 군인들은 칼까지 휘두르며 시민들을 마구 학살했던 것입니다. 대한민국 국군이 자신이 지켜야 할 국민을 죽이는, 있을 수 없는 일이 벌어진 것이지요. 시위를 막기 위해서는 어떤 짓을 저질러도 좋다는 전두환의 명령이 떨어졌기 때문이었습니다. 광주에서 공수 부대에 의해 저질러진 학살은 역사에 길이 남은 '5·18 광주 민주화 운동'의 불씨가 되고 말았습니다.

모든 권력은 국민으로부터!
민주주의 정신을 되살린 5·18 광주 민주화 운동

광주 시민들은 분노와 두려움에 몸을 떨었습니다. 하지만 이들은 도망치거나 침묵하지 않았습니다. 오히려 죽음을 각오한 채 민주주의를 위해 싸우려는 사람들이 점차 늘어갔지요. 이들은 군인들의 잔인한 학살이 계속될수록 오히려 용기를 내어 용감하게 맞서 싸웠습니다.

이렇게 되자 군인들은 19일부터 시민들을 향해 본격적으로 총을 쏘기 시작했지요. 시민들 역시 스스로를 지키기 위해 어쩔 수 없이 총을 들게 되었습니다. 이렇게 하여 계엄군과 시민군 사이에서는 격렬한 총격전이 벌어지게 되었습니다.

22일 용맹하게 싸우던 시민들은 전남 도청을 손에 넣었습니다. 공수 부대는 일단 광주에서 물러갔지요. 물론 전두환과 그 부하들은 그 사이에도 광주 시민들의 항복을 끊임없이 요구했습니다. 하지만 광주 시민들은 끝끝내 항복하지 않았지요. 여기서 항복한다면 그간 시민과 학생들이 흘린 피가 헛된 것이 된다는 사실을 깨달았던 것입니다. 또한 광주가 무릎 꿇는다면 이 나라의 민주주의는 정말 죽을지 모른다는 사실도 잘 알고 있었지요.

전두환은 27일 새벽 계엄군 2만5천 명을 보내 시민들을 또 다시 학살했습니다. 도청 안에 마지막까지 남아 있던 4백여 명의 시민들이 포로가 되자 **항쟁**맞서 싸운다는 뜻은 피눈물을 머금은 채 막을 내리게 되었지요. 약 열흘간의 항쟁 기간 동안 사망자 166명, 실종 47명, 부상 2천8백여 명! 하지만 이 숫자도 정확한 것은 아닙니다. 정부의 발표는 그랬지만 2천여 명이 학살됐다는 이야기가 소리 없이 떠돌았기 때문이지요. 6·25 전쟁과 더불어 광주에서 일어난 학살은 우리나라 현대사의 최대 비극이었습니다.

전두환과 광주 민주 시민들의 대결은 결국 전두환의 완전한 승리로 끝났습니다. 광주 민주화 운동을 무릎 꿇린 전두환이 8월에 열린 엉터리 선거를 통해 대통령 자리에 올랐기 때문입니다. 하지만 광주는 패배하지 않았습니다. 이 참혹한 비극을 겪은 뒤 민주주의를 사랑하는 수많은 사람들은 이전보다 더욱 굳센 각오로 싸움에 나서게 됐기 때문입니다. 이 싸움은 전두환 대통령이 자리를 지킨 7년 동안 하루도 멈추지 않고 계속됐지요.

광주의 영혼이 함께 하지 않았다면 이 고난의 길을 걸으려 한 사람은 아무도 없었을지 모릅니다. 광주는 그렇게 대한민국의 민주주의를 되살린 밑거름이 되었지요.

✿ 김재규는 왜 박정희 대통령에게 총을 쏘았을까?

    1926년 태어난 김재규는 조선 경비 사관 학교**지금의 육군 사관 학교**를 졸업하고 군인이 되었던 인물입니다. 1971년 군에서 제대한 뒤에는 국회 의원이 되어 박정희 대통령을 도왔지요. 그러다가 중앙정보부**지금의 국가정보원**의 부장이 되는 등 높은 자리를 차지했습니다. 그런 김재규가 왜 박정희를 쏘았는지에 대해서는 지금까지도 논란이 계속되고 있습니다. 박정희가 비서 실장인 차지철만을 사랑해서라는 둥, 박정희를 도왔지만 원래는 민주주의를 원하고 있었다는 둥 여러 의견이 나오고 있습니다. 한 가지 확실한 것은 그 무렵 거세지는 국민들의 저항 때문에 박정희 정권의 생명이 끝나 가고 있었다는 사실이지요. 이에 위기감을 느낀 김재규가 박정희를 없애고 정치를 바꿔 보려고 했다는 의견이 많습니다. 사건이 일어난 뒤 김재규는 체포되었고, 1980년 5월에 처형당했습니다.

❂ 전두환과 함께 12·12 군사 반란을 성공시킨
   인물들은 누구일까?

　전두환과 함께 정치에 뜻을 품고 반란을 일으킨 군인들은 다음과 같습니다.

　노태우, 정호용, 박준병, 황영시, 유학성, 박희도, 허삼수, 허화평, 장세동……. 이들 중 노태우는 나중에 전두환의 뒤를 이어 우리나라의 제13대 대통령이 되기도 했지요. 그 밖의 인물들도 대부분 전두환, 노태우 정권 아래서 국회 의원을 비롯한 높은 자리에 올라 떵떵거리며 살았습니다.

❂ 항쟁 기간 동안 단 한 건의 범죄도 일어나지 않았던 광주

　1980년 5월 18일에서 27일까지 약 열흘 동안 계속된 광주 민주화 운동. 전두환과 부하들은 이 운동이 불량배들과 북한의 지시를 받은 공산주의자들이 일으킨 폭동이라고 선전했지요. 하지만 이 기간 동안 광주에서는 단 한 건의 범죄도 일어나지 않았습니다. 오히려 서로 먹을 것과 입을 것을 나눠 주고 부상을 치료해 주는 등 아름다운 공동체 정신이 가득했지요. 또 시민들이 자신들의 대표를 뽑아 모든 것을 의논하여 처리하는 등 성숙한 민주주의 정신을 보여 주었습니다. 한마디로 이때의 광주는 민주주의가 살아 있는 사회의 모범을 보여 주고 있었습니다.

중국에서
천안문 학살 사건
발생

독일 통일

소련 멸망

유럽 연합
탄생

영국, 홍콩을
중국에 돌려줌.
아시아 경제 위기

1989년　　　1990년　　　1992년　　　1993년　　　1997년

1987년 | 6월 민주 항쟁

민주 국가가 대학생을 죽여?
수백 만의 시민들이 나섰다!

1980년대 한국인이라면 누구나 간절히 품었던 질문이 하나 있습니다.
'민주주의는 언젠가 승리할 수 있을까?'
국민이 힘을 합쳐 목숨으로 얻어 낸
그 답을 함께 찾아봅시다.

무술의 달인이 된 경찰,
책상을 탁 치니 사람이 죽었다고?

지금으로부터 약 30년 전 우리나라 경찰 중에는 달인이 있었다는 이야기가 있습니다. 중국 무술 영화에서는 달인들이 장풍을 날려 공격을 하지요? 하지만 신비로운 이 사람은 장풍은커녕 그냥 겁만 주는 것으로도 사람을 죽일 수 있었다고 합니다.

1987년 1월. 서울 남영동의 어느 경찰 조사실에 대학생 한 사람이 끌려 왔습니다. 안경을 쓴 앳된 그 학생은 서울 대학교 3학년에 다니던 박종철이라는 청년이었지요. 우락부락한 경찰 몇 명이 그를 마구 윽박지르기 시작했습니다. 학교에서 민주화 운동을 이끌던 선배의 집을 말하라는 것이었지요. 하지만 박종철 학생은 쉽게 입을 열지 않았습니다. 당연한 일이었습니다. 선배의 집을 알리면 그도 끌려와 심한 고문을 당할 게 뻔했으니까요. 그러자 화가 난 경찰은 큰소리를 지르며 앞에 있던 책상을 '탁' 하고 쳤습니다. 그런데 이게 웬일입니까! 그 소리를 듣고 깜짝 놀란 박종철 학생이 '억' 하는 신음을 내며 쓰러지고 말았으니 말입니다. 쓰러진 박종철 학생은 그대로 숨을 거두고 말았지요.

자, 정말 엄청난 능력의 소유자이지요? 책상에서 난 소리가 강한 음파를 일으켜 사람까지 죽게 만들다니! 물론 그런 일은 있을 수 없습니다. 젊고 건강한 대학생이 그렇게 간단히 죽을 리가 없으니까요. 책상을 치자 죽었다는 경찰의 발표와는 달리 박종철 학생은 물고문, 전기고문 때문에 죽은 것이었으니까요. 독재 정권에 빼앗긴 젊은 대학생의 목숨. 그러나 그의 죽음은 전두환 정권을 끌어내리고 국민에게 위대한 승리를 가져다 준 신호탄이 되었습니다.

● 서울 시청 앞 광장에 모인 사람들
수십만 명의 시민들이 전두환 정권을 몰아내기 위해 거리에 모였다.

속속들이 밝혀지는 진실, 들불처럼 번져 가는 민주화 운동

세상에 영원한 비밀은 없는 법이죠. 박종철 학생의 죽음을 둘러싼 진실은 속속 밝혀졌습니다. 1987년 1월 15일. 경찰의 연락을 받고 맨 처음 조사실로 달려갔던 의사는 신문 기자에게 고문 사실을 알렸지요. "조사실 바닥에 물이 흥건했고 박종철 군은 벌써 숨진 뒤였다"는 것이었지요. 물고문을 당해 죽었다는 말이었습니다.

하지만 그것으로 끝난 게 아니었습니다. 5월에는 천주교의 신부들이 새로운 발표를 했던 것이지요. 신부들은 고문에 참여한 경찰관 5명과 이들의 입을 막기 위해 전두환 정권이 돈을 주었다는 사실을 밝혀냈습니다. 엄청난 진실이었지요.

이런 진실이 알려지자 국민들의 분노는 하늘을 찌르게 되었습니다. 안

그래도 전두환 정권에 대한 불만은 더 이상 커질 수 없을 정도로 부풀어 오른 상황이었습니다. 전두환 정권의 지독한 독재 정치는 박정희 정부 때와 다르지 않았지요. 국민들의 힘겨운 삶도 여전했습니다. 이런 상황이 7년이나 계속되자, 국민들은 더 이상 참을 수 없었던 것이지요. 이제 그 분노는 박종철 학생의 죽음을 맞아 활화산처럼 터져 나오게 되었습니다.

1987년 6월 10일, 국민들은 거대한 물결처럼 거리거리를 뒤덮었습니다. 20만 명의 시민들이 전두환 정권에 대한 반대와 민주주의 회복을 요구하며 시위를 벌인 것입니다. 그러나 이것은 시작에 불과했습니다. 18일과 26일에도 시위가 벌어지고, 참가하는 시민들도 더욱 늘어난 것입니다. 전국적으로 수백만 명의 시민들이 들고 일어났으니 이제 군대를 보내서 막을 수 있는 상황도 아니었지요. 전두환 정권의 목숨이 달린 위기가 찾아온 것입니다.

마침내 전두환 정권은 물러서지 않을 수 없었습니다. 6월 29일 국민들을 향해 항복을 선언하고 말았던 것이지요. 이들은 국회 의원들이 대통령을 뽑도록 한 제도를 고쳐 국민들이 직접 뽑을 수 있도록 하겠다고 약속했습니다. 그 당시 국회 의원들은 대부분 전두환 정권과 한통속이었지요. 그러니 엉터리 선거는 그만 두고 대통령을 뽑을 진정한 권리를 국민에게 되돌려주겠다는 것이었습니다. 또 민주주의를 위해 싸우다 감옥에 갇힌 모든 사람들을 풀어 주고, 민주화를 위해 노력하겠다는 약속도 했지요.

전두환 정권을 완전히 쫓아내지 못한 것은 아쉬운 결과였습니다. 하지만 이것은 4·19 혁명 이후 국민들이 거둔 두 번째의 승리였지요. 한 대학생의 죽음이 민주주의를 위한 국민들의 위대한 승리를 가져온 것입니다. 지금 우리가 누리는 민주주의도 이 승리에 크게 빚을 지고 있지요. 역사에서는 이때의 사건을 '6월 민주 항쟁'이라고 부르고 있습니다.

느리지만 뚜벅뚜벅 걸어가는 민주주의

하지만 그해 12월에는 안타까운 일이 벌어졌습니다. 새로 바뀐 제도에 의해 대통령 선거가 치러졌지만 또 다시 군인 출신 대통령이 탄생했던 것이지요. 새로운 대통령은 전두환과 함께 반란을 일으켰던 노태우라는 인물이었지요. 앞에 나온 '군인 정치 시대 30년'이란 말은 박정희의 18년에 전두환의 7년, 노태우 대통령의 5년을 합한 것이기도 합니다. **야당대통령이 나온 당을 여당, 그렇지 않은 당을 야당이라고 함**이 두 갈래로 나뉘어 힘을 모으지 못하자 원하지 않는 인물이 당선되고 만 것이었지요.

노태우 정권이 들어선 뒤 우리나라의 민주주의는 또 다시 비틀거리기 시작했습니다. 전두환 정권보다는 덜했지만 노태우 정권 역시 독재 정권이 분명했으니까요. 하지만 4·19 혁명부터 시작하여 1987년 6월 항쟁까지 이어져 온 민주주의의 발걸음은 멈추지 않았습니다. 때로는 가시밭길을 걷기

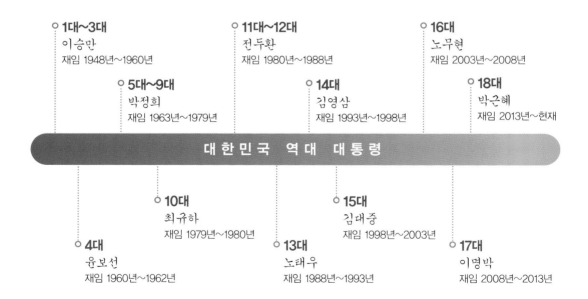

1대~3대
이승만
재임 1948년~1960년

5대~9대
박정희
재임 1963년~1979년

11대~12대
전두환
재임 1980년~1988년

14대
김영삼
재임 1993년~1998년

16대
노무현
재임 2003년~2008년

18대
박근혜
재임 2013년~현재

대 한 민 국   역 대   대 통 령

4대
윤보선
재임 1960년~1962년

10대
최규하
재임 1979년~1980년

13대
노태우
재임 1988년~1993년

15대
김대중
재임 1998년~2003년

17대
이명박
재임 2008년~2013년

도 하고, 때로는 큰 파도를 만나기도 했습니다. 그러나 어떤 상황에서도 민주주의를 향한 전진은 결코 멈추지 않았지요.

1992년 우리 국민은 30여 년 만에 처음으로 군인 출신이 아닌 민간인을 대통령으로 뽑았습니다. 1997년에는 최초의 야당 출신 대통령이 탄생하기도 했지요. 그리고 2002년, 2006년에는 야당과 여당이 번갈아 가며 대통령을 탄생시켰습니다. 이렇듯 서로 생각이 다르고 목표도 다른 정부가 국민의 뜻에 의해 자유롭게 선택되고 있는 것이지요. 우리나라에도 민주주의 전통이 자리 잡고 있는 것입니다.

전쟁과 혁명, 두 차례의 군사 정변과 민주 항쟁을 거치는 등 대한민국의 민주주의가 걸어온 길은 너무나 험난했습니다. 그 과정에서 많은 사람들이 생명을 잃거나 감옥에서 모진 고문을 당하기도 했지요. 하지만 그런 희생이 밑바탕 되어 대한민국은 보다 발전하였고 풍요로운 민주주의 국가로 성장하게 되었습니다.

민주주의가 왜 소중하냐고 묻는다면 여러분도 지금까지 배운 우리의 역사를 자랑스럽게 떠올리며 이야기할 수 있어야 하겠습니다.

✸ 자신에 반대하는 시민들을 깡패로 몰아 죽인 전두환 정권

　전두환 정권의 잔인함을 나타내는 일은 박종철 고문 사건 말고도 아주 많습니다. 그중의 하나가 바로 '삼청 교육대 사건'이었지요. 우리 사회에 뿌리내린 악을 없앤다며 군대의 훈련소와 비슷한 삼청 교육대란 시설을 만들고 사람들을 가두었던 것입니다. 여기에는 민주화 운동가와 노동조합 에서 활동하던 노동자 등 멀쩡한 시민들까지 잡혀 들어왔지요. 전두환 정권은 이들에게 상상을 초월하는 훈련을 시켰습니다. 이렇게 하여 삼청 교육대 안에서만 54명의 시민들이 죽임을 당했습니다. 또 나중에 풀려났지만 후유증으로 죽은 사람이 397명, 부상당한 사람이 2,786명이나 되는 등 큰 피해가 발생했지요. 이밖에도 전두환 정권은 자신들의 말을 듣지 않는다며 수많은 언론인과 교수들을 쫓아냈습니다. 또 이런저런 사건들을 억지로 만들어 수천 명의 사람들을 감옥에 처넣기도 했지요.

✿ 아무리 아름다운 꽃도 열흘을 넘기지 못하리니!

화무십일홍(花無十日紅), 권불십년(權不十年)이라! 조금 어렵지요? 해석하자면 '아무리 아름다운 꽃도 열흘을 넘기지 못하고, 아무리 강한 권력도 10년을 넘기지 못한다' 는 뜻입니다. 그러니 곧 세상에 영원한 것은 없다는 이야기이지요. 전두환, 노태우 두 대통령의 삶도 마찬가지였습니다. 1992년에 새로운 정부가 선출되자 군사 반란과 광주 학살에 책임 있는 사람들을 처벌하자는 움직임이 일어났지요. 이렇게 하여 두 사람은 1996년 체포되어 재판을 받게 되었습니다. 전두환은 사형, 노태우에게는 징역 12년이 주어졌지만 1997년 12월 모두 풀려났지요. 당시 대통령인 김영삼이 국민 모두가 화합해야 한다며 2년 만에 풀어준 것입니다. 하지만 이들은 그 뒤로 가장 인기 없는 전직 대통령으로 국민들의 외면을 받고 있지요. 권력 욕심에 사로잡혀 국민들을 괴롭힌 대가는 그처럼 허무했습니다.

✿ 1987년에 일어난 또 하나의 안타까운 죽음

1987년에는 박종철 학생 말고도 또 한 명의 대학생이 안타까운 죽음을 맞았습니다. 박종철 군 사망 사건에 항의하며 시위를 벌이던 연세 대학교 학생 이한열이었지요. 그는 6월 9일 학교 앞에서 시위를 벌이다가 경찰이 쏜 최루탄을 머리에 맞았습니다. 그리고는 한 달 동안 의식을 잃고 누워 있던 중 7월 5일 22살의 나이로 숨지고 말았지요. 그는 '6월 민주 항쟁' 의 승리를 가져온 또 하나의 젊은 영웅이었습니다. 이한열 학생의 장례식에는 1백만 명이 넘는 사람들이 참가하여 그의 죽음을 슬퍼했습니다. 이처럼 우리나라의 민주주의 역사는 수많은 학생들의 희생으로 가득합니다.

○ 미국에 9·11 테러 사건 발생

○ 미국, 이라크 침공

○ 버락 오바마, 미국 최초로 흑인 대통령이 됨

○ 일본 후쿠시마에서 원자력 발전소 사고 발생

2001년   2003년   2008년   2011년

○ **1945년~현재까지** | 북한 사회의 변화와 민족의 통일

핏줄, 언어, 역사가 같은 우리는 하나가 될 수 있을까?

백두에서 한라까지! 우리 겨레의 터전을 이르는 말입니다.
그런데 백두산에 가 본 친구들은 별로 없을 것 같네요.
지금은 갈 수 없는 북녘 땅에 있거든요. 왠지 더 가고 싶어지지 않나요?

전설 속 김일성 장군, 모습을 드러내다

1945년 10월 14일, 평양의 한 운동장. 그곳에는 30만 명이나 되는 구름 같은 군중이 몰려 있었습니다. 모두들 하나같이 목을 빼고 까치발을 든 채 연단 쪽을 바라보았지요. 그들이 보고 싶어 하는 건 바로 소련에서 돌아온 독립군의 전설 김일성 장군이었습니다.

김일성 장군! 그는 일본군의 토벌 작전으로 독립군이 무너져 가고 있을 때 이를 일으켜 세운 인물이었습니다. 그래서 '김일성'이라는 세 글자는 만주 독립군을 상징하는 이름이 되었지요. 그런 김일성 장군이 돌아왔으니 요즘의 '아이돌 스타' 못지않은 인기를 누리는 건 당연한 일이었습니다.

하지만 사람들은 눈앞에 나타난 김일성의 모습에 충격을 받고 말았습니다. 모두들 이 전설 속의 주인공을 백발이 성성한 늙은 장군으로 알고 있었지요. 하지만 '중국 요리점 웨이터처럼 머리를 바짝 치켜 깎은' 새파란 젊은이가 김일성 장군이라며 나타난 것입니다.

"저렇게 새파란 젊은이가 김일성 장군이라고?"

사람들은 여기저기서 웅성거렸습니다. 요즘처럼 신문, 잡지며 인터넷이 없던 시대에 오직 소문으로만 김일성을 알아 온 탓이었습니다.

그런데 그의 충격적인 등장 이후에도 놀라운 일은 계속됐습니다. 33살의 새파란 그가 나이 많은 독립운동가들을 제치고 북한의 지도자로 떠올랐기 때문입니다. 물론 여기에는 비밀이 있었습니다. 만주에서 일본군에 쫓긴 김일성은 소련 땅으로 들어갔습니다. 그곳에서 소련군 장교가 되어 그들과 함께 일제와 싸웠지요. 그래서 소련은 김일성을 믿을 만한 인물로 인정하고 북한을 맡기려 했던 것입니다. 남쪽의 이승만에게 미국이 있었다면 김일성에게는 소련이 있었던 셈이지요. 소련을 등에 업은 김일성은 1948년 9월 북한의 수상이 되었습니다. '김일성의 나라'가 출발한 순간이었습니다.

북쪽에 있는 이상한 나라?

전쟁 이후 북한은 남한처럼 힘든 시간을 겪어야 했습니다. 특히 김일성에게는 가시밭길이 펼쳐진 것과 다름없었지요. 전쟁을 일으키고도 이기지 못한 책임을 져야 했기 때문입니다. 하지만 그는 아주 교묘한 방법으로 이런 책임에서 빠져 나갔습니다. 자신의 책임을 북한으로 넘어온 남한 출신 공산주의자들에게 돌린 것이지요. 북한이 이기지 못한 건 남한에 있던 이들이 돕지 않아서였다는 말도 안 되는 핑계를 댄 것입니다. 결국 이들은 우리도 방송이나 신문 기사 등을 통해 많이 들어온 '숙청**엄하게 다스려 바로잡음**'을 당하게 되었지요.

김일성은 내친 김에 중국과 소련에서 건너온 공산주의자들도 차례로 내쫓았습니다. 그러자 북한에 남은 것은 오직 김일성에 충성을 맹세하는 사람들뿐이었지요. 이렇게 하여 1970년대부터 북한에서는 김일성이 신과 같

● 김일성과 김정일의 동상
평양의 만수대에 세워진 김일성 동상과 김정일 동상에 북한 주민들이 참배하고 있다.

은 인물로 떠받들어지게 되었습니다. 우리가 북한 방송을 볼 때 그곳 주민들이 말끝마다 '위대한 수령님'을 갖다 붙이는 이유도 그것이지요. 그에게 충성을 바쳐야만 살아남을 수 있는 사회가 바로 북한이기 때문입니다.

문제는 김일성의 나라가 그의 시대로 끝나지 않았다는 사실입니다. 1994년 김일성이 죽자 그의 아들인 김정일이 나라를 물려받았습니다. 또 2011년 김정일이 죽었을 때는 겨우 28살밖에 되지 않은 아들 김정은이 나라를 물려받았지요. 말로는 인민**국민**의 나라라고 떠들어 대지만 사실은 옛날의 왕조 사회와 다르지 않았던 것입니다. '조선 민주주의 인민공화국**북한의 정식 명칭**'이 아니라 '김씨 조선'일 뿐이었던 것이지요.

아무래도 북한은 이상해 보인다구요? 물론 아주 완벽한 나라는 없겠지만, 북한에 많은 문제가 있는 것은 사실이지요. 서로가 갈라져 남남처럼 살아온 지 70년! 남한과 북한은 예전처럼 다시 하나가 될 수 있을까요?

그래도 통일은 해야 한다!

몇 년 전 어느 조사 기관에서 청소년들을 대상으로 통일에 대한 여론 조사를 했습니다. 북한과의 통일을 원하느냐는 질문이었지요. 여기서 나온 결과는 놀라웠습니다. 통일이 이뤄지면 좋겠다는 대답이 2000년 71.2퍼센트, 2004년 59.7퍼센트, 2008년 46.3퍼센트로 해마다 낮아지고 있었으니까요. 이런 청소년들이 어른이 되고, 또 자식을 낳으면 통일은 정말 먼 나라의 이야기가 될지 모르는 상황이 다가왔습니다.

하지만 아무리 말썽 많고 골치가 아파도 북한과의 통일을 꼭 이루어야 할 이유가 있습니다. 어떤 이유인지 하나하나 짚어보도록 할까요?

먼저 남과 북이 서로 대결을 벌이면서 생기는 엄청난 피해를 들 수 있습니다. 2013년 남한이 나라를 지키기 위해 쓴 국방비는 34조 원입니다. 북한은 1조 원이고요. 35조 원이나 되는 어마어마한 돈이 남북한의 대결을 위해 쓰이고 있는 것이지요. 만약 이 돈이 남북한 주민의 행복을 위해 교육, 복지 등에 쓰인다면 어떤 일이 벌어질까요? 아마도 통일 한국은 세계에서 가장 행복한 나라 중의 하나가 될 것입니다.

경제 역시 마찬가지이지요. 이 많은 돈이 경제 발전에 쓰인다면 통일 한국의 경제는 세계 10위권에서 벗어나 더욱 높은 순위로 올라가게 되기 때문입니다. 한마디로 세계에서 손꼽히는 경제 강국의 하나로 발돋움하는 것입니다.

또 국제 관계 속에서 우리나라를 지키는 데도 통일은 큰 힘이 되어줄 것입니다. 우리는 지금까지 남에게 나라를 빼앗기고 수많은 시련을 겪었습니다. 그런데 앞으로 펼쳐질 미래 역시 누구도 쉽게 예상할 수 없습니다. 지금도 우리는 미국, 러시아, 중국, 일본 등 강대국들에 의해 둘러싸여 있습니다. 우리가 역사의 교훈으로부터 배우지 않는다면 옛날의 시련이 되풀이되지

말라는 법이 없지요. 역사가 남겨준 가
장 중요한 교훈은 바로 우리 민족이 다시
는 둘로 나뉘어 싸우지 않아야 한다는 것
입니다.

마지막으로 통일의 필요성은 우리의
역사로부터도 나오고 있습니다. 신라의
삼국 통일 이후 우리 민족은 무려 1,300
년간이나 하나의 나라를 이루어 살아왔
습니다. 핏줄도 같고, 언어와 풍습, 역사
적 경험이 모두 같은 우리가 갈라져 살
아야 할 이유가 있나요? 생각이 다르고,

● 백두산 천지
백두산은 약 100만 년 전 만들어진 화산으로, 그 정상에는 분화구
에 물이 고여 생긴 호수 천지가 있다. 백두산은 예로부터 우리 민
족의 신성한 산으로 여겨져 왔다.

목표가 다르다고 1,300년의 역사를 저버린다는 것은 어리석은 일이겠지요.

이처럼 통일의 필요성은 우리 민족의 모든 면으로부터 나오고 있습니다.
통일을 하자면 때로는 불편하고 화가 나는 일도 있을 것입니다. 하지만 서
로의 이기심과 자존심을 버리고 민족의 지혜와 힘을 하나로 모아야 하지
요. 그렇게 한마음, 한뜻으로 역사와 민족의 힘을 되찾는다면 바로 우리에
게 통일이 올 것입니다.

◉ 북한의 경제는 왜 엉망이 되었을까?

지금은 세계에서 가장 가난한 나라이지만 북한도 한때는 그렇지 않았습니다. 1960년대까지만 해도 우리 남한보다 잘 사는 나라였으니까요. 북한의 경제가 망가진 데에는 크게 두 가지 이유가 있다고 합니다. 하나는 1990년대 들어 북한을 도와주던 공산주의 나라들이 망한 것이지요. 어디에서도 도움을 받을 수 없었던 북한의 경제는 그만 국제 사회의 미아 신세가 되고 말았습니다.

또 하나의 이유는 바로 북한 사회 자체로부터 나오고 있지요. 이들은 지금 조선 시대의 쇄국 정책과 비슷한 길을 걷고 있습니다. 서구 사회의 오염된 문화가 들어온다며 나라의 빗장을 풀지 않고 있으니까요. 이것은 사회의 발전을 위한 새로운 문화와 기술을 들여오지 못하게 하는 큰 장애물이 되었습니다. 모든 일을 '수령님의 은혜'로 생각하며 지시받는 대로만 따르는 북한 사회의 특징도 문제이지요. 이것은 북한 주민들의 창의성을 가로막아 현대 사회에 필요한 발전을 이루지 못하게 하고 있으니까요.

◉ 통일을 가로막는 가장 큰 장애물, 핵무기

북한은 1990년대 초부터 미국의 공격 위협에 맞서겠다며 핵무기를 개발하기 시작했습니다. 여러 차례의 핵 실험을 통해 지금은 대략 6개 정도의 핵미사일을 갖고 있다고 알려져 있습니다. 1994년 미국과 북한은 핵무기 개발을 둘러싸고 전쟁을 벌일 뻔했습니다. 이처럼 핵무기는 남북한의 평화와 통일 노력에 찬물을 끼얹고 있을 뿐이지요. 만약 핵전쟁이 일어난다면 남과 북 가리지 않고 모두가 멸망하는 결과가 나올 것입니다. 또 북한의 핵무기는 미국을 비롯한 강대국이 참여하는 국제적인 전쟁의 기운만 높이고 있습니다. 한마디로 핵무기는 우리가 원하는 평화와 통일과는 전혀 관계가 없는 훼방꾼일 뿐입니다.

🏵 남북한, 다시 하나가 되려는 노력

1972년 박정희 정권은 북한과 통일 회담을 열고 '7·4 남북 공동 성명'을 발표한 일이 있었습니다. 또 노태우 정권 때는 남북한의 교류와 평화 통일을 위한 합의문을 발표한 적도 있었지요. 모두가 상대방을 인정하고 교류를 늘려 평화 통일의 밑거름을 마련한다는 내용이었지요. 하지만 이런 노력은 번번이 실패하고 말았습니다. 남북한 모두 나라 안에서 생긴 국민들의 불만을 돌리는 데 통일 문제를 써먹었던 탓이지요. 하지만 이런 일들도 차츰 극복되고 있습니다. 지난 2000년에는 대한민국의 김대중 대통령이 평양을 방문하여 역사적인 남북 정상 회담을 열고 6·15 남북 공동 선언을 한 일이 있습니다. 또 2007년에도 노무현 대통령이 남북 정상 회담을 열었지요. 이런 만남을 통해 금강산 관광과 이산가족의 만남, 경제는 물론 정치, 군사적인 교류까지 이루어지게 되었습니다. 통일 노력이 말에 그치지 않고 실천으로까지 나아간 것이지요. 지금은 조금 잠잠하지만 통일을 위한 노력은 앞으로도 더욱 발전해 나갈 것입니다.

● 남한 쪽에서 비무장 지대를 넘어 보이는 북한 땅의 모습

1866년 병인양요

1871년
신미양요

1876년 강화도 조약

1882년
임오군란

1884년
갑신정변

척화비
'서양 오랑캐와 친하게 지내지 말라'는
내용을 새겨 흥선 대원군이 세운 비석

갑신정변의 주역들
박영효, 서광범, 유길준, 김옥균 등이 일으킨
갑신정변은 실패했지만, 이후 한국에서 일어난
근대화 운동의 씨앗이 되었다.

1894년 동학 농민 전쟁

체포되는 전봉준

1895년 을미사변, 을미의병

의병의 모습

1896년
아관파천

1897년
대한 제국 선포

1905년
을사조약

1907년
정미 7조약

조선 총독부 건물

1909년
안중근 의사, 이토 히로부미 암살

1910년
한일 병합 조약으로 국권 상실
조선 총독부, 무단 통치 시작

1919년
독립선언문 발표와 3·1 운동
임시정부 수립

2000년
남북 정상 회담과 6·15 남북 공동 선언

1980년 5·18 광주 민주화 운동

1979년
김재규, 박정희 대통령 저격
전두환, 12·12 군사 반란

1961년
박정희, 5·16 군사 정변

1960년
4·19 혁명, 이승만 대통령 하야

1950년
6·25 전쟁 시작

12·12 군사 반란에 맞서 시위를
벌이는 광주의 시민들

전쟁에 참가하고 있는 군인들

1948년
남한에 대한민국 탄생
북한에 조선 민주주의 인민공화국 탄생

1945년
일제의 항복과 해방
신탁 통치 결정과 분단

1939년 일제, 창씨개명 강요

1936년 손기정 선수, 베를린 올림픽 마라톤 우승

광복을 기뻐하며 거리로 나온 사람들

손기정(1912년~2002년)

1936년 8월 9일 베를린 올림픽에서 마라톤에
우승을 해 민족의 영웅이 되었다.

1932년 윤봉길 의사, 도시락 폭탄 투척

1920년
김좌진 장군, 홍범도 장군의 청산리 대첩

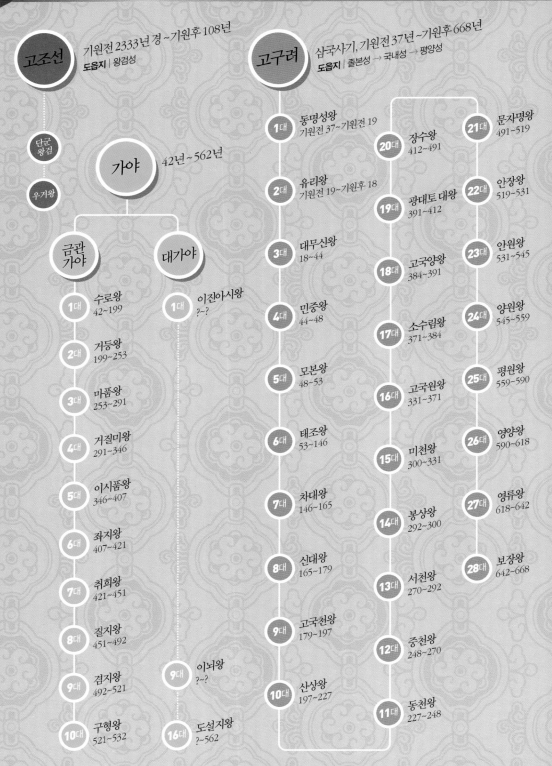

고조선 기원전 2333년 경 ~ 기원후 108년
도읍지 | 왕검성

단군왕검

우거왕

가야 42년 ~ 562년

금관가야

대가야

	금관가야		대가야
1대	수로왕 42~199	1대	이진아시왕 ?~?
2대	거등왕 199~253		
3대	마품왕 253~291		
4대	거질미왕 291~346		
5대	이시품왕 346~407		
6대	좌지왕 407~421		
7대	취희왕 421~451		
8대	질지왕 451~492		
9대	겸지왕 492~521	9대	이뇌왕 ?~?
10대	구형왕 521~532	16대	도설지왕 ?~562

고구려 삼국사기, 기원전 37년 ~ 기원후 668년
도읍지 | 졸본성 → 국내성 → 평양성

1대	동명성왕 기원전 37~기원전 19	20대	장수왕 412~491
2대	유리왕 기원전 19~기원후 18	19대	광개토 대왕 391~412
3대	대무신왕 18~44	18대	고국양왕 384~391
4대	민중왕 44~48	17대	소수림왕 371~384
5대	모본왕 48~53	16대	고국원왕 331~371
6대	태조왕 53~146	15대	미천왕 300~331
7대	차대왕 146~165	14대	봉상왕 292~300
8대	신대왕 165~179	13대	서천왕 270~292
9대	고국천왕 179~197	12대	중천왕 248~270
10대	산상왕 197~227	11대	동천왕 227~248
21대	문자명왕 491~519		
22대	안장왕 519~531		
23대	안원왕 531~545		
24대	양원왕 545~559		
25대	평원왕 559~590		
26대	영양왕 590~618		
27대	영류왕 618~642		
28대	보장왕 642~668		

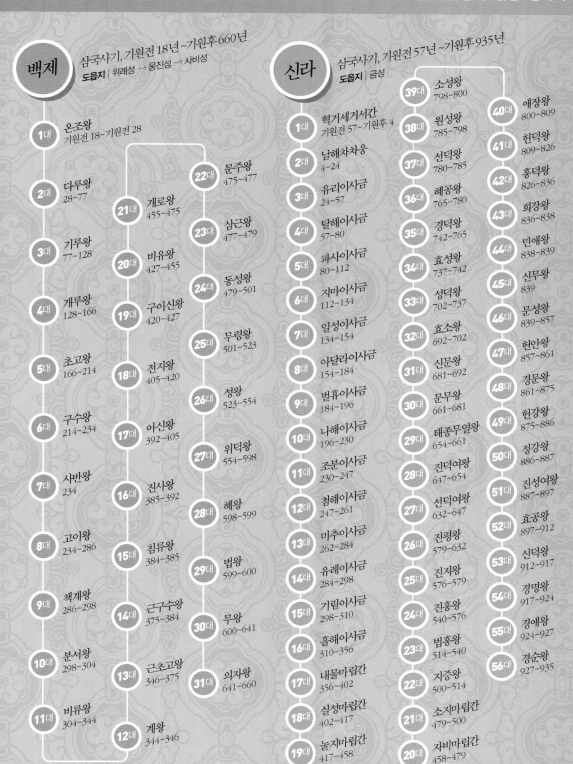

백제 삼국사기, 기원전 18년~기원후 660년
도읍지 | 위례성 → 웅진성 → 사비성

- 1대 온조왕 기원전 18~기원전 28
- 2대 다루왕 28~77
- 3대 기루왕 77~128
- 4대 개루왕 128~166
- 5대 초고왕 166~214
- 6대 구수왕 214~234
- 7대 사반왕 234
- 8대 고이왕 234~286
- 9대 책계왕 286~298
- 10대 분서왕 298~304
- 11대 비류왕 304~344
- 12대 계왕 344~346
- 13대 근초고왕 346~375
- 14대 근구수왕 375~384
- 15대 침류왕 384~385
- 16대 진사왕 385~392
- 17대 아신왕 392~405
- 18대 전지왕 405~420
- 19대 구이신왕 420~427
- 20대 비유왕 427~455
- 21대 개로왕 455~475
- 22대 문주왕 475~477
- 23대 삼근왕 477~479
- 24대 동성왕 479~501
- 25대 무령왕 501~523
- 26대 성왕 523~554
- 27대 위덕왕 554~598
- 28대 혜왕 598~599
- 29대 법왕 599~600
- 30대 무왕 600~641
- 31대 의자왕 641~660

신라 삼국사기, 기원전 57년~기원후 935년
도읍지 | 금성

- 1대 혁거세거서간 기원전 57~기원후 4
- 2대 남해차차웅 4~24
- 3대 유리이사금 24~57
- 4대 탈해이사금 57~80
- 5대 파사이사금 80~112
- 6대 지마이사금 112~134
- 7대 일성이사금 134~154
- 8대 아달라이사금 154~184
- 9대 벌휴이사금 184~196
- 10대 나해이사금 196~230
- 11대 조분이사금 230~247
- 12대 첨해이사금 247~261
- 13대 미추이사금 262~284
- 14대 유례이사금 284~298
- 15대 기림이사금 298~310
- 16대 흘해이사금 310~356
- 17대 내물마립간 356~402
- 18대 실성마립간 402~417
- 19대 눌지마립간 417~458
- 20대 자비마립간 458~479
- 21대 소지마립간 479~500
- 22대 지증왕 500~514
- 23대 법흥왕 514~540
- 24대 진흥왕 540~576
- 25대 진지왕 576~579
- 26대 진평왕 579~632
- 27대 선덕여왕 632~647
- 28대 진덕여왕 647~654
- 29대 태종무열왕 654~661
- 30대 문무왕 661~681
- 31대 신문왕 681~692
- 32대 효소왕 692~702
- 33대 성덕왕 702~737
- 34대 효성왕 737~742
- 35대 경덕왕 742~765
- 36대 혜공왕 765~780
- 37대 선덕왕 780~785
- 38대 원성왕 785~798
- 39대 소성왕 798~800
- 40대 애장왕 800~809
- 41대 헌덕왕 809~826
- 42대 흥덕왕 826~836
- 43대 희강왕 836~838
- 44대 민애왕 838~839
- 45대 신무왕 839
- 46대 문성왕 839~857
- 47대 헌안왕 857~861
- 48대 경문왕 861~875
- 49대 헌강왕 875~886
- 50대 정강왕 886~887
- 51대 진성여왕 887~897
- 52대 효공왕 897~912
- 53대 신덕왕 912~917
- 54대 경명왕 917~924
- 55대 경애왕 924~927
- 56대 경순왕 927~935

발해
698년~926년
도읍지 | 동모산 → 상경 용천부

1대 고왕 698~719
2대 무왕 719~737
3대 문왕 737~793
4대 폐왕 793
5대 성왕 793~794
6대 강왕 794~809
7대 정왕 809~812
8대 희왕 812~817
9대 간왕 817~818
10대 선왕 818~830
11대 대이진왕 831~857
12대 대건황왕 857~871
13대 대현석 871~894
14대 대위해 894~906
15대 대인선 906~926

고려
918년~1392년
도읍지 | 개경

1대 태조 918~943
2대 혜종 943~945
3대 정종 945~949
4대 광종 949~975
5대 경종 975~981
6대 성종 981~997
7대 목종 997~1009
8대 현종 1009~1031
9대 덕종 1031~1034
10대 정종 1034~1046
11대 문종 1046~1083
12대 순종 1083
13대 선종 1083~1094
14대 헌종 1094~1095
15대 숙종 1095~1105
16대 예종 1105~1122
17대 인종 1122~1146
18대 의종 1146~1170
19대 명종 1170~1197
20대 신종 1197~1204
21대 희종 1204~1211
22대 강종 1211~1213
23대 고종 1213~1259
24대 원종 1259~1274
25대 충렬왕 1274~1308
26대 충선왕 1298, 1308~1313
27대 충숙왕 1313~1330, 1332~13
28대 충혜왕 1330~1332, 1339~13
29대 충목왕 1344~1348
30대 충정왕 1348~1351
31대 공민왕 1351~1374
32대 우왕 1347~1388
33대 창왕 1388~1389
34대 공양왕 1389~1392

조선

1392년~1910년
도읍지 | 한양

1대 태조 1392~1398
2대 정종 1398~1400
3대 태종 1400~1418
4대 세종 1418~1450
5대 문종 1450~1452
6대 단종 1452~1455
7대 세조 1455~1468
8대 예종 1468~1469
9대 성종 1469~1494
10대 연산군 1494~1506
11대 중종 1506~1544
12대 인종 1544~1545
13대 명종 1545~1567

14대 선조 1567~1608
15대 광해군 1608~1623
16대 인조 1623~1649
17대 효종 1649~1659
18대 현종 1659~1674
19대 숙종 1674~1720
20대 경종 1720~1724
21대 영조 1724~1776
22대 정조 1776~1800
23대 순조 1800~1834
24대 헌종 1834~1849
25대 철종 1849~1863
26대 고종 1863~1907
27대 순종 1907~1910

역대 대한민국 대통령

대한민국

1948년~현재
수도 | 서울

1대~3대 이승만 재임 1948~1960
4대 윤보선 재임 1960~1962
5대~9대 박정희 재임 1963~1979
10대 최규하 재임 1979~1980
11대~12대 전두환 재임 1980~1988
13대 노태우 재임 1988~1993
14대 김영삼 재임 1993~1998
15대 김대중 재임 1998~2003
16대 노무현 재임 2003~2008
17대 이명박 재임 2008~2013
18대 박근혜 재임 2013~현재